OBSERVATIONS

SUR LE

CONDITIONNEMENT

HYGROMÉTRIQUE

DES

MATIÈRES TEXTILES

NÉCESSITÉ D'UNIFIER DANS TOUS LES PAYS
LES PROCÉDÉS ET LES MOYENS
POUR LA PLUS GRANDE MORALISATION
DES
TRANSACTIONS COMMERCIALES & INDUSTRIELLES.

PAR ALFRED MUSIN

Directeur de la Condition. publique
Membre de la Société d'Emulation de Roubaix
Membre du Comité permanent du Congrès international
Pour
l'Unification du numérotage des fils

ROUBAIX
TYPOGRAPHIE ET LITHOGRAPHIE A. REBOUX, RUE NAIN, 1
1875.

OBSERVATIONS

CONDITIONNEMENT HYGROMÉTRIQUE

MATIÈRES TEXTILES

OBSERVATIONS

SUR LE

CONDITIONNEMENT

HYGROMÉTRIQUE

DES

MATIÈRES TEXTILES

NÉCESSITÉ D'UNIFIER DANS TOUS LES PAYS
LES PROCÉDÉS ET LES MOYENS
POUR LA PLUS GRANDE MORALISATION
DES
TRANSACTIONS COMMERCIALES & INDUSTRIELLES.

PAR ALFRED MUSIN

Directeur de la Condition publique
Membre de la Société d'Emulation de Roubaix
Membre du Comité permanent du Congrès international
Pour
l'Unification du numérotage des fils

ROUBAIX
TYPOGRAPHIE ET LITHOGRAPHIE A. REBOUX, RUE NAIN, 1
1875.

Le 11 octobre 1874, je recevais de Monsieur G. Pacher von Theinbury, Président du Congrès international de Bruxelles, pour le numérotage uniforme des filés, les lignes suivantes :

« Je répète, Monsieur, que je regarde la question du conditionnement comme une des plus sérieuses qui auront à nous occuper au courant de l'année et au Congrès prochain, et je vous prie, encore une fois, de traiter cette question pour toutes les matières textiles. »

Voilà l'excuse de ce nouveau mémoire.

A. MUSIN.

CONDITIONNEMENT HYGROMÉTRIQUE

DES

MATIÈRES TEXTILES

Le développement considérable qu'ont pris le commerce et l'industrie des matières textiles en France et dans les autres pays, est digne de l'attention des commerçants et des industriels, des Chambres de Commerce et des Gouvernements de toutes les Nations qui y sont intéressées.

M. Defoville, économiste français, nous apprend, dans un récent article, que la France actuelle consomme deux fois plus de lin, trois fois plus de laine et de soie, cinq fois plus de coton que la France d'il y a cinquante ans.

De son côté, M. Michel Chevalier estime que pour les cotons filés, la production individuelle est aujourd'hui trois à quatre cents fois ce qu'elle était il y a cent ans.

D'après les évaluations statistiques publiées par M. Maurice Block, le produit des manufactures francaises qui emploient des matières textiles, s'élève à 3,420,000,000 de francs, savoir :

Lin et chanvre. . .	300 millions
Coton	500 »
Laine	1,200 »
Soie	900 »
Tissus mélangés . .	400 »
Dentelles et broderies.	120 »
Total :	3,420 millions

Il y a donc une progression considérable.

Au milieu de l'immense mouvement auquel donnent lieu les transactions du commerce et de l'industrie, la nécessité se fait de plus en plus sentir de fixer les bases loyales qui doivent servir à régler le poids de vente des textiles, non-seulement dans les différentes contrées du même pays, mais encore pour les relations extérieures.

En effet, les usages locaux qui existent dans chaque centre manufacturier ne s'accordent pas avec ceux du centre voisin du même pays, ni des autres nations. — Il en résulte des difficultés sérieuses qui engendrent des différends et des procès fâcheux. Il se produit exactement ment ce qui se passait pour les poids et mesures avant l'adoption du système métrique décimal.

En France, la loi de 1866, sur les usages commerciaux a été édictée en vue d'une sage réforme à cet égard; mais elle a peu touché aux questions si importantes du commerce et de l'industrie des textiles.

Il faudrait que les nations s'entendissent, comme elles l'ont déjà fait pour d'autres questions, afin de règlemen-

ter la manière dont le poids loyal des textiles doit être
fait.

Deux points semblent mériter d'être étudiés tout
particulièrement : ce sont le titrage des fils et le conditionnement hygrométrique des textiles soit à l'état brut,
soit à l'état ouvré.

On sait que le premier point, celui du titrage
uniforme des fils, est en bonne voie, grâce aux résolu--
tions importantes prises par les Congrès Internationaux
de Vienne et de Bruxelles.

Quant à la règlementation du conditionnement hygrométrique, elle n'est encore qu'en germe, bien qu'elle
soit réellement un complément indispensable et qu'elle
se relie intimement à celle du titrage des fils.

Le Congrès international de Bruxelles a parfaitement
compris l'utilité de ce complément, puisqu'il en a proposé
l'étude dans son programme de la 3e session, qui doit
s'ouvrir en Italie, vers la fin de 1875.

Bien que le conditionnement hygrométrique ne soit
pas d'institution récente, puisqu'il remonte à plus d'un
siècle, on rencontre pourtant encore de nos jours des
commerçants et des industriels qui n'en saisissent pas
l'importance et qui l'emploient d'une manière telle
quelle, au risque de compromettre leurs intérêts. —
D'autres plus soucieux de leurs intérêts, mais absorbés
par la multiplicité et le tracas fièvreux des affaires, se
plaignent de n'avoir pas sous la main, un ouvrage pratique qui les renseigne sur les procédés du conditionnement diversement interprétés.

Je n'ai pas la prétention de combler la lacune signalée;
mais en attendant un ouvrage plus sérieux, que l'on

me permette d'exposer le peu que j'ai appris sur le conditionnement des matières textiles.

Je m'estimerais heureux si je pouvais parvenir à fournir quelques renseignements utiles à l'industrie, en lui communiquant la conviction que j'ai de l'excellence du conditionnement hygrométrique perfectionné et unifié dans ses procédés, pour toutes les relations commerciales et industrielles.

Contrairement à l'avis de certains publicistes, je crois que l'intervention des hommes compétents, des Chambres de Commerce et des Gouvernements est utile, indispensable même pour protéger ou favoriser les élans honnêtes de l'industrie et que cette intervention ne devient gênante, généralement, que pour le commerce et l'industrie interlopes.

Il paraît impossible que de l'enquête générale qui devrait être faite dans tous les pays, il ne ressorte pas des enseignements d'une grande valeur qui serviraient à établir une règlementation moyenne universelle pour le conditionnement hygrométrique des textiles, de même que pour le titrage uniforme et universel des fils, dont la réalisation est poursuivie par le Congrès international, avec une louable persévérance.

Il y a toujours, constatons-le pour l'honneur de l'humanité, un sentiment de justice qui s'élève de la conscience universelle et qui parle plus haut que l'intérêt personnel.

Cinq principaux textiles servent le plus généralement à la fabrication des tissus, ce sont :

1° La soie,
2° La laine,
3° Le coton,
4° Le lin,
5° Le chanvre.

Mais ces matières textiles brutes doivent subir des manutentions importantes par la trituration, l'épuration et la préparation ; avant de pouvoir servir aux usages auxquelles elles sont destinées.—Dès lors on comprend que chaque manutention spéciale à laquelle elles doivent être soumises, en amoindrit le poids tout en augmentant le prix de la matière transformée. « Le prix d'achat des matières premières est un des éléments du prix de revient des produits fabriqués au même titre que le prix de la main-d'œuvre et l'intérêt de l'argent considéré comme loyer du capital industriel. »

D'un autre côté, le nombre considérable de façonniers qui interviennent pour la transformation de la matière brute, apportent des manières différentes de travailler, ce qui amène nécessairement de grandes irrégularités dans les rendements. — Il en résulte qu'*à poids égal*, la même nature, la même qualité de marchandise a, suivant son état hygrométrique, une *valeur intrinsèque plus ou moins importante.*

Donc, à l'état brut comme à l'état ouvré, pris à différents points des manutentions, les textiles, tels que la soie, la laine, le coton, le lin et le chanvre, sont essentiellement hygrométriques, c'est-à-dire, qu'ils ont subi l'influence de la manière dont ils ont été traités et du lieu où ils ont été déposés. Ils sont donc irrégulièrement hydratés. On comprend que pour la bonne foi des transactions, il soit devenu indispensable de rechercher les moyens propres à les ramener à un état d'humidité moyen, afin de rendre à chacun ce qui lui revient.

A cet effet, on a songé à créer des établissements publics, chargés de constater l'état hygrométrique des textiles.

Malheureusement la réglementation uniforme manque encore et on vend par le fait à faux poids de nos jours.

Il y a donc utilité de procéder au conditionnement hygrométrique des textiles, mais avec des bases et des procédés uniformes partout. C'est ce que je m'efforcerai de démontrer plus loin.

ORIGINE DU CONDITIONNEMENT

M. H. de Chavannes a publié en 1856, un petit ouvrage sous le titre de « RÉCRÉATIONS TECHNOLOGIQUES » dans lequel il résume l'origine du conditionnement des soies de la manière suivante :

« La nécessité de mettre l'acheteur et le vendeur en état de savoir, l'un ce qu'il vend, et l'autre ce qu'il achète et de couper court à des contestations sans cesse *renaissantes* et très-difficiles à juger équitablement, a donné naissance à des établissements publics pour le pesage des soies, dont le premier fût créé à Turin en 1749 ou 1750.

» L'établissement de Turin était un séchoir dans lequel on s'efforçait de ramener les soies à un état de siccité parfaite. On constatait le poids d'un ballot à sa sortie du séchoir, et ce poids devenait son poids marchand.

» Ce mode d'opérer, dit M. Alcan, dans son traité des matières textiles, ne pouvait remédier à une foule d'inconvénients et d'irrégularités qui se présentaient avec les variations atmosphériques et le plus ou moins d'encombrement des salles de l'établissement. Lorsque le vent soufflait et que le temps était sec, la dessiccation était considérable et les épreuves avaient besoin d'être renouvelées; par les temps humides les effets contraires avaient lieu. Dans le premier cas, le vendeur se plaignait; dans le second cas, c'était l'acheteur qui était lésé.

» L'exposition relative des ballots dans la salle avait une influence sur les variations que présentaient les poids de la soie. Comme il était impossible d'avoir une température uniforme et constante dans tous les points de la salle, à cause des portes et des fenêtres, et que l'état hygrométrique y variait également avec la plus ou moins grande quantité de soies et l'état dans lequel elles se trouvaient, il en résultait souvent que les soies provenant des mêmes sources, travaillées de la même manière, présentant les mêmes qualités et conditionnées simultanément, offraient entr'elles, des variations considérables. Cela dépendait, comme il a déjà été dit, de leur disposition dans la salle, de leur voisinage des portes ou même d'autres ballots très-humides. »

Ainsi qu'on le voit, ce mode de procéder au conditionnement était vicieux et l'établissement de Turin créé pour donner une base fixe aux transactions, n'atteignait pas le but proposé.

Cependant malgré ses imperfections, l'idée était bonne et ne tarda pas à être comprise par les villes de Lyon et de St-Etienne qui cherchèrent à la perfectionner.

En 1831, M. Léon Talabot, ingénieur, fut chargé par la Chambre de Commerce de Lyon de rechercher un meilleur procédé de conditionnement.

Après une étude sérieuse, il proposa la construction d'appareils chauffés à l'aide de la vapeur et destinés à recevoir des échantillons prélevés dans les ballots de soie. C'était incontestablement un progrès sur le procédé suivi jusque-là à Turin; mais là ne devait pas se borner le perfectionnement. Bientôt, M. Persoz, chimiste distingué et professeur au Conservatoire des arts et métiers de Paris et plus tard directeur de la Condition publique de Paris, fournit l'idée à M. Rogeat père, de Lyon, qui a eu le mérite de la mettre heureusement à exécution, de transformer les appareils à vapeur Talabot, en calorifère à courant d'air chaud.

Ces appareils dits Talabot-Persoz-Rogeat, par une association des noms de ceux qui ont contribué à leur création et à leur confection, ont sur les premiers appareils à vapeur, l'avantage d'une plus grande puissance calorique et d'une plus grande promptitude de dessiccation. — Aussi sont-ils les seuls en usage dans les Conditions publiques.

Ces appareils sont généralement groupés en couronne de six et chaque groupe a son foyer générateur de chaleur particulier dans une cave.

Les villes ci-après possèdent une Condition publique,

les unes exploitées par les villes et les autres par les
Chambres de Commerce :

1° Amiens
2° Ancône
3° Aubenas
4° Avignon
5° Bâle
6° Bergame
7° Brescia
8° Côme
9° Crefeld
10° Elberfeld
11° Florence
12° Ganges
13° Lecco
14° Londres
15° Lyon
16° Manchester
17° Marseille
18° ⎫
19° ⎬ Milan (3 établissements)
20° ⎭
21° Montélimar
22° Mulhouse
23° Nîmes
24° Paris
25° Pesaro
26° Privas
27° Reims
28° Roubaix

29° St-Etienne
30° Tourcoing
31° Trente
32°
33° } Turin (2 établissements)
34° Udine
35° Valence
36° Vienne
37° Zurich

LUTTE CONTRE LA ROUTINE

La Condition publique de Roubaix, comme ses devancières d'autres villes a marché péniblement au début. C'est du reste, le propre de presque toutes les innovations ; elles ont toujours et partout suscité des craintes, des appréhensions, des oppositions aveugles qui entravent leur développement et elles ne tardent pas à disparaître si elles n'ont pas de bonnes et profondes racines. Heureusement la vérité triomphe toujours des premiers obstacles et l'institution ne tarda pas à s'implanter à Roubaix, et si fortement qu'elle est devenue la plus importante de toutes celles qui existent, du moins pour les laines et les cotons.

Malgré l'excellence des nouveaux procédés du conditionnement, il y a eu des luttes quelquefois fort vives à Lyon, à Reims et à Roubaix.

A Roubaix, pour combattre l'indifférence des uns et vaincre la répulsion des autres relativement à la fondation d'une Condition publique, il a fallu le concours zélé et vraiment dévoué de M. A. Mimerel, fils du Sénateur, manufacturier et membre de la Chambre Consultative des Arts et Manufactures de Roubaix.

M. Mimerel après s'être rendu à la Condition publique de Lyon pour en étudier le fonctionnement, est rentré à Roubaix plus convaincu que jamais de l'utilité de la fondation de cet établissement. Il s'est efforcé par tous les moyens, tant par lui que par ses amis, de faire prévaloir l'idée d'une semblable création dans notre ville. Il proposa même, mais en vain, de monter un établissement par souscriptions.

Enfin, en 1857, l'honorable M. Roussel-Dazin, Président de la Chambre Consultative des Arts et Manufactures de Roubaix, cédant aux instances réitérées de M. Mimerel qui ne se lassait pas de ponrsuivre son idée, se décida à faire une démarche pressante auprès de l'Administration Municipale pour demander l'institution simultanée et d'une Condition publique et d'une Ecole de tissage.

C'est à la suite de cette démarche que l'Administration locale soumît la proposition de la Chambre Consultative des Arts et Manufactures, au Conseil Municipal, dans sa séance du 6 mai et que M. Jules Delerue-Dazin, alors adjoint au Maire et membre du Conseil énuméra « tous les avantages que Roubaix » retirerait d'une Condition publique pour les laines » non-seulement pour la moralisation et la sûreté des » transactions, mais encore pour les finances de la » ville. »

La conviction de M. Jules Delerue-Dazin dans l'heureuse issue de la fondation était tellement grande qu'il offrit de prendre à sa charge le quart de la dépense du premier établissement, si dans les quatre premières années, la dépense n'était pas entièrement remboursée par les bénéfices.

La proposition de M. Jules Delerue-Dazin, faite sur les instances de M. Mimerel, fit sensation dans le sein du Conseil municipal qui consentit à l'examiner. Une commission fut nommée séance tenante.

Dans la séance du 11 août suivant, sur le rapport favorable de la Commission Municipale, la création d'une Condition publique à Roubaix fût votée à l'unanimité par le Conseil Municipal.

C'est donc à la ville de Roubaix que revient l'honneur d'avoir implanté, en 1858, dans les Flandres, le contrôle moralisateur du conditionnement des matières textiles suivant en cela comme toujours, les progrès des villes les plus industrieuses du monde.

Les succès de cette institution n'ont par tardé à prouver que les promoteurs ne s'étaient pas trompés, car sous le rapport du mouvement, l'établissement de Roubaix est devenu le plus important de ceux qui existent : on en trouvera plus loin la preuve dans l'énumération des mouvements annuels auxquels ceux d'aucun autre établissement ne peuvent être comparés.

BUT MORALISATEUR DU CONDITIONNEMENT

Il est un principe sur lequel les hommes intelligents et intègres sont d'accord, c'est que la loyauté doit toujours présider aux transactions commerciales et industrielles.

La concurrence est nécessaire, mais il faut qu'elle soit faite loyalement.

Le mépris de ce principe entraîne avec soi des surprises, des tromperies et des ruines pour les uns et des prospérités quelquefois scandaleuses pour les autres....

Comme l'a écrit Monseigneur Dupanloup, dans son bel ouvrage sur l'Education. « Il faut enter fortement » le Commerce, l'Industrie et les Arts sur la probité et » la vertu. La probité et la vertu ont une sève dont la » richesse et la fécondité ne tarissent jamais; leurs » fruits en tous genres sont l'espérance et le salut de » toutes les professions sociales, en même temps que » l'honneur de ceux qui les exercent. »

Cette grande question de moralisation prend corps avec le projet de l'unification universelle du titrage des fils, et nul doute que l'unité des usages commerciaux et industriels donnant la sécurité, ne concoure au développement des transactions à l'intérieur comme à l'étranger.

Or, la soie, la laine, le coton et toutes les matières

filamenteuses contiennent toujours une quantité d'eau plus ou moins considérable qui varie selon la manière dont les fibres ont été travaillées et suivant la température de l'air froid ou chaud, sec ou humide du lieu où elles ont été déposées, ainsi que cela a déjà été dit précédemment. On comprend facilement toute l'importance de la constatation exacte, pour les transactions, de l'état hygrométrique des textiles et la nécessité d'un contrôle sérieux.

Le principe fondamental du conditionnement repose sur la dessiccation absolue à laquelle on ajoute, par les calculs, une reprise ou taux pour 100 représentant l'humidité normale de la fibre textile considérée, pour en établir le poids loyal et marchand.

L'absolu, en principe, est une base fixe et infaillible non-seulement pour la France, mais encore pour toutes les nations.

Avec le contrôle du conditionnement, on n'a plus à redouter les ennuis qui existaient anciennement alors que l'on n'avait que des moyens informes pour se renseigner; il n'y a plus de discussions, plus de chicanes et chacun est responsable de ses actes pour les différentes manutentions par lesquelles le textile doit passer avant d'être utilisé. (1)

Le négociant vend au fabricant et le réglement de compte peut se faire dans les vingt-quatre heures, d'après les résultats portés dans le bulletin de conditionnement.

Le fabricant met en filature dans telle maison qu'il

---

(1) Voir le chapitre: rendement en filature.

lui plaît, faculté qui ne lui était pas laissée avant l'institution du conditionnement, puisqu'on lui imposait un filateur à façon dont le rendement en fil, par exemple, servait à régler le compte entre le vendeur et l'acheteur. Cette manière de procéder offrait de graves inconvénients dont il sera fait mention au chapitre du rendement en filature.

Le filateur rendu responsable, prescrit une grande attention, une active surveillance de la part de ses contre-maîtres, afin d'empêcher qu'il ne se commette aucune erreur ou infidélité.

Est-il besoin de faire remarquer que ce n'est pas seulement dans les transactions commerciales que les garanties offertes par le conditionnement peuvent être invoquées : Elles s'étendent encore aux relations de patrons à ouvriers du dehors et c'est là encore qu'elles peuvent exercer une influence des plus salutaires. — Elles ont, dans tous les cas, pour résultat de faire reconnaître le plus ou moins de valeur d'une foule d'accusations quelquefois mal fondées, dont la faute remonte plus haut, ou de faire constater, à chaque manutention, des soustractions frauduleuses réelles et malheureusement trop souvent répétées, qui amènent de fréquentes condamnations contre les coupables.

N'est-ce pas là ce que l'on doit appeler de la moralisation dans les affaires commerciales, comme dans toutes les relations de l'industrie manufacturière, et cette œuvre toute moralisatrice si digne d'être encore encouragée, par de nouvelles améliorations applicables partout et à tous, n'était-elle pas désirée depuis longtemps par les hommes équitables appartenant à cette grande branche du commerce et de l'industrie des textiles, la plus importante après l'agriculture ?

Mais il est peut-être utile de faire connaître, à ceux qui les ignorent, les détails de la manière d'opérer le conditionnement.

MANIÈRE D'OPÉRER LE CONDITIONNEMENT

Toute partie de soie, de coton ou de laine présentée à la Condition publique est pesée à l'entrée avec soin, par deux employés qui en tiennent note séparément. — Ensuite, il est prélevé par un autre employé spécialement délégué à cet effet, avec précaution, afin d'avoir autant que possible de toutes les sèches, un échantillon proportionnel au poids de la partie, dans différents endroits des caisses, paniers, paquets, balles, ballots ou bobines. — Le poids de cet échantillon est constaté immédiatement par deux employés et rentré dans une salle *ad hoc*.

En principe plus la partie à conditionner a de poids, plus l'échantillon à prélever doit avoir d'importance et plus les lots à soumettre à l'épreuve doivent être nombreux.

L'échantillon prélevé et pesé est divisé pour composer les lots d'épreuve qui sont également pesés immédiatement avec des balances de précision. La perte ou l'augmentation du poids primitif de l'échantillon après les opérations préparatoires, est répartie au prorata sur chaque lot, de manière à retrouver le *poids primitif de l'échantillon à son entrée*.

Chacun des lots composant une partie, entre dans un

appareil dessiccateur Talabot-Persoz-Rogeat, dans lequel circule un courant d'air chaud sans cesse renouvelé et élevé à la température de : (1)

120° centigrades pour les soies ;
110°   »   »   laines ;
100°   »   »   cotons.

Quand la dessiccation absolue des lots est obtenue, ce qui est constaté à l'aide de la balance de précision posée sur l'appareil dessiccateur, et lorsque, à un quart d'heure d'intervalle, les deux dernières pesées n'ont plus varié, le poids absolu de chacun d'eux est constaté séparément et la différence que ce poids présente avec le poids des mêmes lots avant l'épreuve, indique évidemment le poids de l'humidité perdue par l'échantillon et proportionnellement par la masse de la marchandise.

Toutefois le poids absolument sec n'est pas un état normal et il convient d'y ajouter par les calculs, la reprise d'humidité pour 100 qui correspond à un état ni trop humide, ni trop sec. Mais c'est là une question délicate et très-controversée qui appelle les lumières des hommes compétents dans l'intérêt de l'ordre et de la loyauté commerciale.

Les bulletins de conditionnement fournissent toutes les données utiles qui mettent les intéressés à même de

---

(1) Il résulte d'une délibération de la Chambre de Commerce de Lyon, du 4 mars 1875, reproduite dans la feuille de correspondance officielle du Comité permanent du Congrès. qu'il y a divergence d'appréciation, pour la température nécessaire pour la dessiccation absolue, entre Lyon d'une part, et Crefeld et Bâle (Suisse), de l'autre. La Condition publique de Roubaix partage sur ce point, entièrement la manière de voir de la Chambre de Commerce de Lyon.

suivre et de vérifier, par eux-mêmes, les résultats mentionnés dans ces bulletins. (1)

Le conditionnement par l'absolu repose sur un principe qui présente toutes les garanties possibles pour sauvegarder les intérêts légitimes, lorsqu'il est appliqué avec intelligence. — Ce qui le prouve surabondamment, c'est que Lyon l'a adopté depuis longtemps pour des soies qui valent jusqu'à 140 francs le kilog... — c'est l'adoption du même principe dans un grand nombre de villes manufacturières.

La précision de l'absolu a été constatée non-seulement à Paris, à Lyon, à Reims, etc., mais encore il y a peu d'années par les Administrateurs de la Condition publique de Roubaix à propos d'expériences faites simultanément sur les mêmes cotons, par les Conditions publiques de Paris, de Lyon et de Roubaix et dont les résultats ont été identiques, à une légère fraction près.

Dans son traité sur le travail des laines peignées, M. Michel Alcan dit : « que pour bien se rendre compte
» de l'opération du conditionnement, il est convenable
» de rappeler que le principe repose sur une dessiccation
» telle, d'une fraction de la substance à conditionner
» que si, ainsi desséchée, on la plongeait dans l'huile
» bouillante l'apparence de celle-ci ne changerait pas
» et ne produirait pas par conséquent le BRUISSEMENT
» plus ou moins sensible qui se manifeste d'ordinaire
» par une goutte d'eau dans le liquide gras bouillant.
» Si on a tenu compte du poids de la matière avant et
» après la dessiccation, la différence indique évidem-

____

(1) Il y aurait utilité d'adopter partout les mêmes formules de bulletin de conditionnement afin d'en rendre l'examen plus facile; comme cela a lieu pour les formules employées dans les Administrations de l'Etat.

» ment la quantité d'humidité qu'elle contenait, et si,
» comme on le fait, on prend le poids de la masse dont
» on a extrait les échantillons traités, également pesés
» avec soin, on en déduira finalement, par une simple
» règle de proportion, l'état hygrométrique de la masse.

» Soit p le poids des échantillons avant la dessicca-
» tion à l'absolu, p' le poids des échantillons après leur
» dessiccation à l'absolu; P le poids net de la masse de
» marchandise; X le poids de la laine calculé sur son
» poids desséché, on aura p : p' : : P : x. »

C'est avec beaucoup de raison que M. Michel Alcan
s'empresse d'ajouter : « L'important est d'agir avec la
» plus grande précision de manière à *s'assurer que toute*
» *l'humidité a été expulsée des échantillons* soumis
» aux épreuves et aussi que ces échantillons représen-
» tent fidèlement l'état moyen de la masse. »

Malheureusement ces considérations ne sont pas
toujours comprises partout.—C'est pourquoi il y aurait
avantage d'imposer une méthode uniforme dans toutes
les Conditions publiques.

Au début, la Condition publique de Roubaix, suivant
les errements d'autres établissements, adressait au
vendeur le bulletin original du conditionnement et son
duplicata, laissant le soin à ce dernier de remettre le
duplicata à l'acheteur en même temps que la facture. —
Mais bientôt l'expérience a révélé que quand le résultat
de l'opération n'était pas favorable au vendeur, il
s'abstenait de transmettre le bulletin de conditionnement à l'acheteur et même de livrer la marchandise. Ce
fait était d'autant plus regrettable qu'il semble que du
moment où la marchandise est soumise au conditionnement, elle appartient à l'acheteur et que le vendeur n'a

pas le droit de la retenir pour se soustraire aux conséquences du contrôle qu'il a librement choisi.

En conséquence, voici ce qui se pratique à la Condition publique de Roubaix : Lorsque pour un motif quelconque le propriétaire d'une marchandise soumise au conditionnement juge à propos de n'indiquer que son nom, dans le bulletin d'envoi, la Condition publique de Roubaix ne lui délivre que le bulletin détaché du registre officiel qui est côté et paraphé par l'autorité locale. Quand, au contraire, les noms de l'acheteur et du vendeur sont indiqués dans la note d'envoi, un bulletin conforme résumant l'expérience du conditionnement est adressé *directement* à chacun d'eux.

Il est à remarquer que la délivrance de plusieurs duplicatas d'un bulletin de conditionnement, comme cela se fait, dit-on, dans certaines Conditions publiques, ouvre la porte à la fraude : En effet, ne peut-on former différentes portions de même importance et n'en soumettre qu'une au conditionnement et attribuer les duplicatas aux portions non expérimentées ?

Il paraît désirable, même au prix d'une gêne pour les cas particuliers dans les transactions, que les Conditions publiques ne favorisent pas les abus qu'il est facile de prévoir.

On pourrait objecter que cela se pratique cependant à Lyon pour les soies. — Mais ce qui est applicable à Lyon sans inconvénient pour les soies, est impossible pour les laines et en voici la raison : chaque ballot de soie ne sort de la Condition publique de Lyon que sous une sache appartenant à l'établissement, portant des empreintes spéciales et scellée d'un plomb. On comprend qu'il importe peu qu'un pareil ballot circule de magasin en magasin avec plusieurs duplicatas. — Son identité peut toujours être constatée par l'inspection des marques et du plomb.

Mettre sous saches et plomber des montagnes de laines peignées, filées, de cotons et de lins est impraticable. Dès lors cette garantie indispensable faisant défaut, on ne peut adopter le mode suivi à Lyon.

Les bulletins de conditionnement et leurs duplicatas étant de véritables certificats de garantie pour le réglement de compte entre le vendeur et l'acheteur, il est prudent de ne pas les multiplier.

Cependant il convient d'ajouter qu'à Roubaix on a reconnu l'utilité de remettre directement aux façonniers désignés à chaque envoi, une *note officieuse* sous une forme particulière qui leur permet de puiser tous les renseignements dont ils peuvent avoir besoin pour régler leur compte de façonniers.

Voici quelques chiffres qui indiquent le développement rapide et progressif de la Condition publique de Roubaix. (1)

Mouvement	annuel	de 1858	84,268	kilogr.
»	»	1859	611,934	»
»	»	1860	1,998,159	»
»	»	1861	3,150,845	»
»	»	1862	4,878,143	»
»	»	1863	6,414,095	»
»	»	1864	5,907,131	»
»	»	1865	6,338,920	»
»	»	1866	6,877,282	»

(1) Voir moniteur des fils et tissus n° 25 — 22 juin 1875.

Mouvement annuel de 1867		6,893,106	»
»	» 1868	10,857,785	»
»	» 1869	11.653,156	»
»	» 1870	9,103,640	»
»	» 1871	14,093,867	»
»	» 1872	13,028,572	»
»	» 1873	14,955,038	»
»	» 1874	16,930,255	»

A l'heure qu'il est l'établissement de Roubaix est insuffisant et doit être considérablement agrandi, avec adjonction de magasins-généraux.

N'est-il pas permis de croire que l'institution du conditionnement n'a pas été étrangère à l'extension des affaires ?

Les rendements en filature, dont il sera parlé plus loin, étaient hérissés de difficultés qui faisaient surgir de fréquents procès et mettre en doute la probité des filateurs lorsque le rendement était moins favorable qu'on ne l'attendait.

Puis, comme les réglements définitifs ne pouvaient se faire qu'à la suite du rendement en filature, on en abusait en les éternisant pour retarder le paiement, au préjudice des vendeurs dont les capitaux demeuraient de la sorte improductifs.

Utilité d'unifier la manière de procéder dans les Conditions publiques

Dans certains établissements de conditionnement, dit M. Michel Alcan (traité des laines 1873) *on base l'opération du conditionnement sur un* TEMPS CONSTANT après lequel on suppose la dessiccation complète. — Dans d'autres, comme à Paris (1) on laisse au contraire, et avec raison, la matière dans l'appareil jusqu'à ce qu'on obtienne la stabilité complète de la balance; les résultats sont alors plus certains.

Il est profondément regrettable qu'ayant le même but, toutes les Conditions publiques n'opèrent pas de la même manière. Il est cependant aisé de concevoir que l'irrégularité dans les méthodes opératoires vient encore s'ajouter à l'irrégularité de la matière manutentionnée différemment selon sa provenance, donner des résultats différents et faux et créer des ennuis qui peuvent, dans certains cas, discréditer injustement l'institution et compromettre des intérêts respectables.

Par exemple, l'inégale répartition de l'humidité dans la longueur du ruban de laine peignée à l'aide duquel on

---

(1) Roubaix a toujours suivi le principe rigoureux de Paris, sans l'admission duquel la base est faussée.

forme de grosses bobines du poids de 5 à 12 kilog. ne fait doute pour aucune personne qui se rend compte de la manutention du peignage et du lissage. On sait que le travail qui se fait le lendemain d'un jour de chômage est plus humide que celui qui est fait alors que les cylindres sont suffisamment chauffés et qu'il en est de même, dans une certaine proportion, du travail du matin et de celui fait dans le courant de la journée; que les bobines composant une partie de laine peignée qui atteint quelquefois le poids considérable de 40 à 50 mille kilogr. ne peuvent être toutes obtenues qu'après plusieurs jours de travail et avec le concours de lisseuses qui toutes ne donnent pas un travail régulier, au moins sous le rapport hygrométrique; — qu'il faut aussi tenir compte que l'attention et l'intelligence des ouvriers chargés de la conduite des métiers peut et doit faire varier l'humidité dans la longueur du ruban peigné et lissé.

Ainsi que l'a dit M. Michel Alcan, le seul moyen de remédier et de parer à cette irrégularité, c'est de *prélever un échantillon plus considérable* que ceux qui sont généralement prélevés dans les Conditions publiques, afin que cet échantillon représente le plus exactement possible une bonne moyenne de la partie.

D'un autre côté, il faut bien le dire, il y a des industriels qui veulent l'impossible : Ainsi, dernièrement, un négociant du dehors avait envoyé un petit ballot de 3 bobines de laine peignée à une Condition publique et un autre ballot de même importance à un autre établissement. En recevant les bulletins de conditionnement il était profondément surpris de ce que les résultats hygrométriques fournis par les deux établissements n'étaient pas identiques et il ajoutait que cela l'étonnait

d'autant plus que chaque groupe de 3 bobines avait
été pris dans la même partie. Ce résultat s'explique
cependant par l'irrégularité du séchage au peignage.

Des fabricants en vue d'une économie malentendue
sur les frais de conditionnement, au lieu de présenter
séparément chaque partie de laine filée par nuance,
envoient 8 ou 10 échantillons de diverses nuances qu'ils
ont prélevés (1) et demandent un *conditionnement
commun* pour toutes les nuances. Rien de plus faux
que cette manière d'opérer : On sait, en effet, que les
fils, selon les agents chimiques qui ont servi en teinture, absorbent plus ou moins d'humidité et que le
résultat moyen ainsi obtenu est illusoire. Des expériences faites sérieusement sur des parties semblables
ont révélé des différences de 3 et 4 0/0 dans les résultats hygrométriques par nuance. (2)

En dehors de ces cas il ne faut pas exiger du conditionnement plus qu'il ne peut donner.

Les analyses chimiques les plus sérieuses ne présen-
tent-elles pas des différence entr'elles lorsqu'elles sont
répétées sur des portions différentes ?

En conditionnement hygrométrique comme en ana-
lyse, on ne peut certifier l'exactitude d'un résultat que
pour la portion de matière sur laquelle on a expérimenté.
Cela n'empêche pas que le résultat sur l'échantillon ne
soit pris en considération et appliqué à la masse sur
laquelle il a été prélevé.

Un mot sur les différentes manières de procéder au

---

(1) Voir le chapitre « nécessité de présenter la totalité des
parties au conditionnement. »

(2) Certaine teinture charge plus ou moins les fibres.

conditionnement de la laine à Paris, à Reims et à Roubaix ne sera pas inutile.

D'abord, toutes les Conditions publiques doivent prendre pour base de leurs expériences le poids des textiles réduit à l'état de siccité absolue. — Le poids absolu une fois constaté on y ajoute, par les calculs, un taux de tant pour cent représentant l'humidité présumée normale à chaque textile.

La base étant invariablement la même dans toutes les Conditions publiques, le résultat devraient généralement être très-approximativement les mêmes; mais malheureusement il n'en est pas ainsi. Où donc en chercher la cause?....

Quant au principe du conditionnement, la science et la pratique sont unanimes pour reconnaître que nul autre moyen ne saurait présenter les mêmes garanties; c'est donc à bon droit et en parfaite connaissance de cause que le Gouvernement l'a imposé aux établissements reconnus et qu'il a institué sous la désignation de *Condition publique,*

Néanmoins, bien que parfaitement d'accord sur le principe fondamental que quelques-uns seulement transgressent à tort (1) les Conditions publiques diffèrent dans l'appréciation des meilleurs moyens à employer pour le prélèvement et la manipulation des échantillons.

Afin de mieux faire saisir la divergence qui existe entre la manière d'opérer dans les Conditions publiques

---

(1) Voir traité sur le travail des laines peignées par M. Michel Alcan, 1873.

des laines de Paris, Reims et Roubaix, il est utile de poser une hypothèse applicable à chacune d'elles :

Dix balles de laine peignée pesant ensemble 1,000 kilogrammes soumises au conditionnement à Paris, à Reims ou à Roubaix donneraient lieu aux opérations suivantes :

1° à Paris, constatation officielle du poids d'ensemble des 10 balles. . . . . . . 1,000 kilog. Ouverture des colis et prélèvement d'une bobine dans chaque balle, soit 10 bobines d'échantillon dont le poids serait constaté.

Exposition de chaque bobine déroulée dans la salle des appareils dessiccateurs pendant 15 ou 20 heures.— Cette opération préparatoire a pour but d'*égaliser l'humidité* dans la longueur du ruban de laine qui peut mesurer 1,200 mètres moyennement.

Après cette exposition, on prélèverait, aux deux extrémités du ruban de chaque bobine et au milieu, un bout de 2 à 3 mètres environ pour composer ce que l'on appelle les lots destinés à la dessiccation absolue et qui seraient pesés avec des balances de précision, en même temps que le surplus des bobines d'échantillon, et la différence qui existerait entre ces pesées partielles et la pesée d'ensemble de l'échantillon, avant l'étendage, serait répartie au prorata.

Les frais s'élèveraient à 30 fr.

2° A Reims, la pesée des colis ne serait faite qu'officieusement au dos du bulletin sans addition des poids. L'échantillon prélevé à raison d'*une* bobine par balle, donnerait 10 bobines dont le poids serait constaté officiellement dans le bulletin. — Comme à Reims, ordinairement 2 bobines d'échantillon donnent lieu à une preuve de conditionnement, les 10 bobines dont il s'agit formeraient cinq preuves. — Chaque preuve de 2 bobines, après avoir été pesée serait déroulée sur un dévidoir à compartiments en spirales afin de former des écheveaux. Les lots destinés à la dessiccation absolue seraient composés du prélèvement de plusieurs de ces écheveaux qui seraient pesés avec précision ainsi que le reste de l'échantillon et la différence entre la pesée des 2 bobines avant le dévidage et celles partiellement faites après le dévidage, serait répartie au prorata.

Les frais s'élèveraient à 15 francs.

3· A Roubaix, le poids de chaque colis serait constaté officiellement et relevé dans le bulletin de conditionnement. — Le prélèvement de l'échantillon serait fait par *une*, *deux* ou *trois* bobines par chaque balle, suivant le poids plus ou moins fort du colis. Comme dans l'hypothèse on suppose des balles régulières, l'échantillon serait composé de vingt bobines dont le poids serait également porté dans le bulletin. Le prélèvement des lots pour la dessiccation absolue serait fait directement dans les bobines et très-rapidement par la prise d'une *première longueur* de ruban sur la couche extérieure de chaque bobine de l'échantillon; d'une *deuxième longueur* au centre et d'une *troisième longueur* dans la couche concentrique qui partage le dessus et le centre de la bobine. Généralement une simple preuve de conditionnement correspond à 18 prises de longueur dans 6 bobines. L'échantillon dont il s'agit étant composé de 20 bobines, il y aurait dans l'hypothèse, 3 preuves 1/2 ($3 \times 6 = 18 + 2 = 20$).

Les frais s'élèveraient à 13 fr. 50.

La méthode la plus rationnelle est celle employée à la Condition publique de Paris. Pourtant, il est bon de faire remarquer qu'elle n'échappe pas complètement aux justes observations faites par M. Michel Alcan à propos des irrégularités du séchage préparatoire, qui servait de base aux opérations du premier établissement de conditionnement fondé à Turin. Puis au point de vue pratique, elle est d'une application si lente qu'elle est sinon impossible, tout au moins très-difficile dans un établissement qui aurait un mouvement important, à cause de l'emplacement considérable qu'il nécessiterait (1).

A cet égard il faut reconnaître que la Condition publique de Reims a compris cette difficulté; que le mode qu'elle emploie est beaucoup plus expéditif et qu'il a l'avantage de coûter moitié moins cher que celui de Paris, ce qui plaît beaucoup aux intéressés.

Toutefois, Reims n'emploie généralement que des laines fines, et son mode de procéder ne saurait convenir non plus, sans inconvénients, pour la manutention des laines communes, lourdes, glissantes qui n'ont pas de crochets, et qui donneraient beaucoup de déchet au dévidage.

La Condition publique de Roubaix ayant reconnu les difficultés de l'application des méthodes préparatoires de Paris et de Reims pour les laines qui lui sont soumises, emploie un mode particulier beaucoup plus prompt que les précédents : — Elle opère ses prélève-

---

(1) La Condition publique de Paris conditionne plus spécialement les soies.

ments directement et à trois places différentes dans les bobines composant l'échantillon, ainsi que cela a été expliqué ci-dessus.

Dans son excellent traité du travail des laines peignées (1873, page 412) M. Michel Alcan fait observer, avec beaucoup de raison, qu'il y a lieu d'opérer le prélèvement des échantillons à soumettre à la dessiccation absolue, sur un plus grand nombre de bobines, afin d'obtenir une meilleure moyenne. Par ce qui précède, on reconnaîtra que l'espèce de reproche que l'éminent professeur fait aux Conditions publiques de Province (page 413 du même ouvrage) ne s'adresse pas à la Condition publique de Roubaix qui a toujours agi dans le sens si vivement recommandé par M. Alcan.

On voudra bien remarquer qu'il ne s'agit ici que de la manière d'opérer de trois établissements. Que serait-ce si on voulait s'arrêter à l'examen des moyens disparates employés dans certaines Conditions publiques !...

Généralement la manière de procéder au conditionnement de la laine filée sur cannettes est vicieuse et induit en erreur les négociants et les fabricants : On prend, par exemple, pour l'opération du conditionnement, un certain nombre de cannettes sans tenir compte du poids plus ou moins fort, plus ou moins humide des fuseaux ou cannettes.

Après la dessiccation absolue, on fait reprendre au papier des *fuseaux*, le *même taux d'humidité* qu'au fil de laine, ce qui est irrationnel.

Il semblerait plus sage de ne pas laisser à l'arbitraire ou à la subtilité, le soin de tirer profit de ce mode vicieux qui empêche la constatation exacte du poids net du fil.

La notable différence qui existe entre les fuseaux d'une partie et ceux d'une autre partie, le plus ou moins de fil contenu sur ces fuseaux plus ou moins humides, sont autant de moyens de duperie.

Plusieurs essais de conditionnement faits sur des cannettes pleines avec fuseaux ou sans fuseaux, ont donné des différences de 2 et 3 0/0 dans le résultat du conditionnement.

Depuis 1863, la Condition publique de Roubaix ne soumet plus à la dessiccation que le fil. Elle procède en conséquence au pesage des *cannettes d'échantillon*, au dévidage du fil pour la dessiccation, et à la constatation du poids des fuseaux tels quels.

Il est temps que le Gouvernement intervienne pour règlementer les méthodes préparatoires du conditionnement. La divergence dans les moyens employés amène des différences déplorables dans les résultats, suivant que l'on s'adresse à telle Condition publique plutôt qu'à une autre.

Déjà, on prétend que des remarques à ce sujet auraient été faites par quelques habiles. Ils achètent sous le contrôle de telle Condition publique qui passe pour donner des résultats réduisant l'importance des factures primitives, et revendent de préférence sous le contrôle d'une autre Condition publique qui donne plutôt de la bonification.

En présence de ces remarques et du défaut d'uniformité dans le travail préparatoire, on se demande ce que devient la moralité des transactions que l'institution du conditionnement a cependant eu en vue de sauvegarder ?

NÉCESSITÉ DE PRÉSENTER LA TOTALITÉ
DES PARTIES AU CONDITIONNEMENT

Dans différentes Conditions publiques, dit M. Michel Alcan, dans son traité sur les laines, « *on n'expérimente pas régulièrement sur toutes les balles appartenant à la même partie de laine; on se borne à en essayer quelques-unes choisies au hasard et on applique aux autres le résultat trouvé sur les premières. Sur quelles garanties peut-on compter dans ce cas ?* »

Il est évident que c'est toujours une grande erreur d'appliquer à 1.000 kilogr. par exemple, le résultat de l'expérience faite sur 100 kilogr. et l'erreur est aussi grande lorsqu'on ne présente qu'une balle dont le résultat sert au réglement de 12 ou 15 autres balles non présentées : Le nombre d'expériences à faire doit-être augmenté proportionnellement au poids de la marchandise présentée, afin de rendre possible l'établissement d'une bonne moyenne.

Rien n'étant plus hygrométrique que la laine, par exemple, on comprend que dans l'intérêt de l'exactitude on doive toujours présenter les parties entières au conditionnement : Présenter à la Condition publique quelques bobines prises dans la partie et dans un magasin particulier, plus ou moins humide, comme cela se fait quelquefois, ou présenter la partie entière ce n'est pas la même chose, quant au résultat.... Pourquoi ? Parce qu'il faut que le point de départ soit bien établi et qu'il ne peut l'être qu'autant qu'il y a *exactitude* et *simultanéité* entre la pesée principale de la partie de laine et celle de l'échantillon prélevé pour le conditionnement.

D'ailleurs, n'y aurait-il que cette raison de *laisser prélever les échantillons par une main exercée à ce travail et complétement désintéressée dans la transaction,* que ce serait déjà une première garantie en faveur de l'exactitude. Et puis personne, même parmi les plus intègres, n'échappe à cette loi morale qui veut qu'on ne soit jamais reconnu comme bon juge dans sa propre cause.

Donc il y a un intérêt sérieux à présenter les parties entières au conditionnement.

Les frais de conditionnement ne sont pas si considérables pour qu'on se prive d'un contrôle si indispensable. Il faut l'accepter sans arrière-pensée comme base de toutes les transactions.

Comme l'a si bien dit la Chambre Consultative des Arts et Manufactures de Roubaix, lorsqu'elle a sollicité l'institution de la Condition publique existante « mieux vaut s'imposer un léger sacrifice que de s'exposer à payer au prix de la soie, de la laine, etc., etc., 10, 20, 30, 50 kilogr. d'eau en sus de l'humidité généralement tolérée dans le commerce. »

Du reste que l'on se pénètre bien de la pensée que lorsque l'on ne soumet au conditionnement qu'une fraction de partie, l'un ou l'autre des intéressés est en droit de n'accepter le résultat de l'expérience que pour le poids relevé dans le bulletin de conditionnement et que devant les tribunaux, il aurait gain de cause, parce que les juges ne voudraient pas appliquer ce résultat au poids non présenté et cela par le motif très-plausible que rien ne prouve que la portion non expérimentée, se trouvait dans le même état hygrométrique que celle soumise. On le conçoit facilement, le degré d'humidité des textiles variant constamment avec la température et l'humidité de l'air, deux choses essentiellement variables.

Faut-il ajouter aussi que, généralement, les pesées sont négligées dans le commerce ; que de fréquentes erreurs se glissent et que ces différences sont parfois très-importantes ?

Les Conditions publiques doivent prendre une foule de précautions qui peuvent paraître oiseuses au premier abord, mais qui examinées de près sont nécessaires parce que tout le système du conditionnement repose, en définitive, sur des pesées différentielles.

Il arrive cependant que l'on s'étonne que des laines mises en teinture après conditionnement, *gagnent* ou *perdent* de leur poids et que par suite, elles ne donnent pas les rendements indiqués par le conditionnement. Cela s'explique pourtant parfaitement : Le conditionnement constate l'humidité de la laine dans la composition qu'elle a au moment de l'expérimentation et ce résultat ne peut raisonnablement être appliqué à cette même laine transformée, qui a reçu soit une nouvelle composition chargeante par le fait de la teinture, soit une perte sur le poids pour le sable, les ordures et les matières étrangères ou les poils ou jarres qui tombent au fond des bains.

Encore une fois, il y a une véritable utilité de faire présenter la totalité des parties de marchandises vendues ou transformées; mais, en même temps, il est juste et raisonnable de tenir compte des changements d'état hygrométrique qui ont lieu dans les différentes manipulations.

MÉLANGE DE LAINES

Lorsqu'un fabricant fait un mélange pour la filature, avec plusieurs portions de laines différant tant par le prix que par la nature, l'humidité et la provenance, comment pourrait-il régler le poids loyal de chaque laine, s'il n'avait pas le conditionnement ? — Portion de cette laine a pu être livrée très-humide par l'un ; portion moins humide par l'autre et portion sèche par un autre. Le conditionnement lui permet d'apprécier la différence d'humidité de chaque portion composant le mélange, résultat que l'on ne pouvait obtenir alors qu'on s'en rapportait au rendement en filature dont il va être parlé.

RENDEMENT EN FILATURE

Avant l'institution du conditionnement hygrométrique, on réglait généralement le poids des laines peignées d'après le rendement en filature : Si le fil était livré sec, le poids du peigné était considérablement réduit au préjudice du vendeur ; s'il était humide, il était augmenté injustement au préjudice du fabricant. — Le filateur, à titre de façonnier, n'avait que l'intérêt de la façon à envisager.

Cette manière de procéder, on le conçoit, était des plus déplorables, attendu que le rendement en filature varie selon la température des saisons et des ateliers, les dispositions intérieures de chaque filature, le plus ou moins de soins des ouvriers, les erreurs qui se commettent, les soustractions qui ont lieu, l'endroit sec ou humide où sont déposés les filés avant la livraison, les aspersions et le passage à la vapeur que l'on fait subir pour faire reprendre au fil une certaine moiteur qui lui donne de la main, du toucher avantageux à la vente et de toutes causes volontaires ou involontaires qui font varier le poids hygrométrique du fil de laine de plusieurs pour cent.

Il suffit d'indiquer les errements anciens pour qu'ils soient condamnés et pour justifier les louables efforts qui ont été faits pour sortir de ce chaos.

Mais comment raisonnait-on le rendement et l'évaporation en filature à Roubaix et à Tourcoing.

On confiait à un filateur 100 kilog. de laine peignée pour être filée à tel nº, et s'il rendait en fil et déchets 96 kilog. pesant, on était satisfait parce que ce résultat paraissait indiquer que la laine peignée avait perdu les *quatre pour cent* admis par l'usage.... et puis.... rien de plus.......... Mais savait-on au moins combien il y avait d'humidité dans le fil? En contenait-il 15, 18 ou 20 pour 100? On l'ignorait.... Ce n'était donc pas un contrôle et des abus criants se glissaient au préjudice de la loyauté des transactions.

A Reims et à Fourmies, les usages de la filature variaient bien un peu ; mais c'était toujours pour arriver à un résultat erroné : On *filait en remboursement* (1). c'est-à-dire, que le filateur devait rendre *poids pour poids* la même quantité de fil et déchets qu'il avait reçu de poids en peigné et il était obligé de payer la différence sauf une tolérance de 2 pour 100 pour la perte de déchets en filature. Donc le filateur avait intérêt à sous-filer son fil et à lui faire reprendre le plus d'humidité possible, afin d'avoir moins à rembourser. — On a prétendu que dans maintes circonstances, certaines filatures faites en remboursement rendait 102 et même 104 kilog. pour 100.... Comment expliquer cette augmentation de poids si ce n'est par un excès d'humidité ?

Personne n'oserait de nos jours, soutenir de bonne foi, que les fils livrés à l'industrie se trouvent toujours dans un état hygrométrique très-rapproché... Ce serait une trop grande erreur et à ceux qui voudraient le soutenir, on pourrait, leur demander qu'ils veulent bien expliquer comment il se fait que les fils présentés au conditionnement contiennent, les uns 11 ou 12 pour 100 d'humidité et les autres, jusqu'à 25 et 28 pour 100........ Cet état si variable explique parfaitement les difficultés qui surgissaient relativement aux essais du numéro des fils, la même longueur de fil plus ou moins humide, changeant le poids de cette longueur et faisant varier le numéro du fil qui sert à faire apprécier sa finesse.

---

1. Aujourd'hui encore on file en remboursement ; mais il y a au moins la possibilité de faire constater l'humidité du fil par le conditionnement hygrométrique.

Fixation des taux de reprise d'humidité pour 100 a tolérer pour ramener les textiles a une composition hygrométrique marchande & loyale

Il s'agit de rechercher l'humidité normale afférente à chaque textile qui, on le sait, s'hydrate différemment. — Il ne faut pas perdre de vue qu'une certaine portion d'eau est vendue au prix de la laine et que suivant les intérêts, les vendeurs ou les acheteurs, cherchent tous les moyens possibles, les uns de la diminuer et les autres de l'augmenter.

A ce propos voici des observations que j'ai eu l'honneur de soumettre en décembre 1874, au Comité Central permanent du Congrès International pour l'unification du titrage des filés (1).

» Question du Conditionnement hygrométrique des filés. — Taux de reprise d'humidité qu'il convient de fixer pour ramener le filé à une composition hygrométrique moyenne et normale pour tous les pays, afin de régulariser le numérotage métrique.

» Avant d'entreprendre l'étude de la question du

---

(1) Ces observations ont été reproduites dans la feuille de correspondance officielle publiée par le Comité permanent du Congrès internal du numérotage uniforme des fils, mais quelques erreurs s'y sont glissées dans l'impression: je les ai rectifiées dans ce travail.

conditionnement hygrométrique qui a tant de rapport avec celle de l'uniformité du titrage des fils, si heureusement résolue par le Congrès International qui s'est réuni en septembre 1874. dans l'hospitalière Ville de Bruxelles, il est utile d'appeler l'attention du Bureau du Comité permanent sur quelques points fondamentaux à fixer.

» Ainsi que l'a parfaitement fait ressortir M. Roger d'Amiens, membre de la Chambre de Commerce et du Comité permanent du Congrès, dans son étude sur le conditionnement du lin et du coton. « Dans les transactions commerciales, l'opération la plus importante, la plus usuelle, celle qui demande le plus de précautions à prendre, c'est la vente et l'achat formant une convention unique, complexe et simultanée.»

» Pour que la vente soit régulière et parfaite il faut qu'entre les contractants, il y ait accord sur le prix et sur la chose vendue.»

» A ce point de vue la question du conditionnement hygrométrique a un intérêt capital et on commettrait une erreur grave en ne tenant pas compte de l'irrégularité d'humidité contenue dans les fils (2), attendu qu'elle augmente ou qu'elle diminue, selon le cas, la longueur du fil au kilogr. et que cette irrégularité fausserait totalement le but des résolutions prises par les Congrès de Vienne et de Bruxelles.

» On ne saurait prendre trop de précaution pour l'élaboration du règlement international qui est appelé à devenir la loi des contractants de tous les pays.

---

(2) Il y aussi la règlementation du décreusage à faire, c'est aussi l'avis de plusieurs Chambres de Commerce, voir page 219 de la feuille officielle de correspondance du Comité permanent du Congrés des filés.

« Quelles sont les propriétés hygrométriques des substances textiles ?

» Est-il équitable de fixer un taux unique de reprise d'humidité applicable aussi bien aux textiles manufacturés, qu'aux textiles à l'état brut ?

« En pratique, le textile ouvré conserve-t-il le même état d'hydratation que celui qu'il avait avant d'être travaillé ?

« L'illustre et savant M. Chevreul de l'Institut de France, semble avoir prévu les questions ; il nous indique dans le tableau suivant les propriétés hygrométriques de diverses substances textiles.

SUBSTANCES TEXTILES	Poids des étoffes séchées dans le vide	Poids des étoffes dans l'air à 23° hyg. 75.02.	Air saturé d'humidité 18°
Filasse de chanvre.	100	113 68	141 06
Fil de chanvre non blanchi. .	100	113 73	141 74
Toile de chanvre blanchie . .	100	110 74	129 46
Filasse de lin blanchie . . .	100	109 86	130 77
Filasse de lin blanchie . . .	100	111 82	143 01
Fil de lin non blanchi . . .	100	109 36	128 55
Fil de lin blanchi.	»	106 99	124 22
Coton en poil	»	109 23	130 92
Fil de coton.	»	115 38	125 93
Toile de coton blanchie. . .	»	107 70	125 12
Bourre de soie ou filoselle. .	»	110 49	132 72
Soie grenade.	»	108 88	134 46
Soie grenade décreusée . . .	»	105 40	128 74
Etoffe de soie teinte et apprêtée.	»	110 »»	128 10
Laine mérinos en suint. . .	»	107 »»	182 40
Laine mérinos dessuintée . .	»	111 05	139 71
Laine mérinos pure	»	111 85	138 14
Fil de laine.	»	109 04	134 57
Drap de laine feutré blanc . .	»	117 90	132 75
Cachemire en duvet	»	113 96	144 21

» Sans vouloir tirer une conséquence rigoureuse de ce travail qui n'est peut-être pas tout-à-fait approprié à la question qui occupe le Congrès international, il est bon de remarquer que, de l'examen des résultats obtenus par M. Chevreul (colonne 4e) il ressort que plus la substance textile a subi de transformations, moins elle a conservé d'humidité comparé à son premier état.

» Ce phénomène n'a rien qui doive étonner ; il trouve sa confirmation dans la pratique : — En effet, à chaque transformation la laine reçoit une nouvelle composition résultant de la manutention qu'elle a subie dans les conditions ordinaires du travail ; puis une autre manutention succède à la première et fait prendre encore à l'assemblage des fibres une autre composition hygrométrique.

» Or, il faut remarquer que la laine donne lieu à des transactions commerciales :

» 1° A l'état brut en suint ;

» 2° A l'état dégraissé et lavé ;

» 3° A l'état peigné ;

» 4° A l'état filé ;

» 5° A l'état tissé.

» A chacune de ces phases, tout en s'épurant graduellement, la laine est hydratée différemment : — Elle perd de son poids, mais cette perte est compensée par l'augmentation du prix de vente.

» Dans ces conditions est-il équitable d'appliquer à la laine filée, par exemple, le taux de reprise d'humidité de la laine brute ou même celui de la laine peignée ?

» Pour répondre à cette question d'une manière satisfaisante, il est utile de remonter à ce qui se pratiquait couramment avant l'institution du contrôle moralisateur du conditionnement hygrométrique.

» Alors chacun appréciait *au toucher* si les textiles se trouvaient dans un état moyen d'humidité. — Sans doute ce procédé laissait beaucoup à désirer et donnait lieu à de nombreuses contestations, les appréciations variant d'un jour à l'autre par rapport aux dispositions différentes des appréciateurs. Toutefois si imparfaits que fussent ces moyens il y a cependant lieu d'y avoir recours, parce qu'ils ont servi à fixer les prix de vente et qu'ils portent en eux un enseignement général d'une certaine valeur pour l'approximation de l'état d'hydratation, suivant que le textile est considéré à l'état brut, ou lavé et dégraissé, ou peigné, ou filé, ou tissé.

» En pratique, l'humidité de la laine brute est difficilement appréciable *au toucher* à cause de la présence du suint-surge.

» La laine peignée en général, peut ne pas être trop humide avec la reprise de 18 1/4 0/0 d'humidité ajoutée au poids séché à l'absolu.

» Le fil de laine, au contraire, serait beaucoup trop humide avec la reprise de 18 1/4 0/0 et ne concorderait pas avec l'état résultant de la manutention ordinaire.

» Des opérations comparatives ont été faites par le *toucher* et par le *conditionnement à l'absolu* sur les mêmes échantillons et on est arrivé à constater que *moyennement*, la laine brute peut contenir beaucoup plus d'humidité que la laine peignée. Cette humidité peut varier entre 15 à 32 0/0 ;

» Que la laine peignée contient moins d'humidité que la laine brute ; l'humidité du peigné varie entre 16 et 20 0/0 ;

« Que la laine filée est généralement moins humide que la laine peignée ; cette humidité varie entre :

» 1°. 11 à 15 0/0 pour la laine filée vendue en bobines ou cannettes ;

» 2°. 16 à 19 0/0 pour la laine filée dévidée.

» On voit ou conduirait l'application du principe qui consisterait à restituer à la substance textile *épurée* et *travaillée*, l'état d'hydratation primitif qu'avait ce même textile à l'état brut.

» Donc il n'est pas douteux que les substances textiles, après chaque manutention, reçoivent une nouvelle composition hygrométrique rapprochée de l'usage auquel elles sont destinées et il paraît rationnel d'en tenir compte dans la fixation du prix de vente.

» Pourtant il ne serait pas juste de faire entrer dans le rapprochement le *fil retordu à l'eau* qui conserve un excès d'humidité et, dans ce cas, il convient de ne tolérer que la composition hygrométrique reconnue pour le fil simple.

« Le taux de la laine filée paraît ressortir avec une moyenne d'humidité de 15 à 16 0/0. Le taux de 17 0/0 officiellement reconnu pour les laines, par la loi française de 1866, n'est généralement appliqué qu'aux laines peignées fines ; la pratique le trouve insuffisant pour les laines ordinaires et communes et l'élève à 18 1/4 0/0.

» Le taux de 7 1/2 0/0 pour les cotons n'est qu'officieux ;

» Celui du lin qui est de 10 à 12 1/2 0/0 et celui du chanvre de 12 à 13 0/0 ne sont pas non plus reconnus.

» Seul le taux de 11 0/0 pour la soie est admis partout.

» Il y a urgence de règlementer définitivement ces taux dans l'intérêt de l'équité commerciale.

« Faut-il ajouter qu'une différence de 4 pour 100, par exemple, dans l'état d'hydratation d'une laine filée porte bien plus à conséquence, qu'une différence de 4 0/0 sur la laine brute en suint qui a servi à la produire? La raison en est bien simple, c'est que plus le textile est épuré par la manutention pour être transformé en fil, plus il acquiert de valeur et plus aussi la question hygrométrique prend d'importance, parce que *l'eau d'hydratation du fil se paie à un prix beaucoup plus élevé, que l'eau d'hydratation de la laine brute.*

» Ce qui est vrai pour la laine, l'est également pour le coton, la soie, le lin et le chanvre.

» Une seule exception au principe exposé ci-dessus est admissible, c'est lorsque les façonniers reçoivent des laines brutes avec une composition hygrométrique constatée qu'ils doivent rendre transformées en peigné ou en filé. Alors il est utile de faire opérer le conditionnement hygrométrique, afin de justifier la restitution du poids confié.

» En conséquence, le Comité permanent du Congrès international des filés, ferait bien d'examiner s'il ne conviendrait pas d'adopter, en principe, un *taux spécial* de reprise d'humidité pour les matières textiles suivantes qui donnent lieu à transaction :

Laines
- Brute dessuintée et dégraissée.
- Peignée — id.
- Blousses (1) — id.
- Filée peignée — id.
- Filée cardée — id.

Cotons
- Coton brut
- Coton filé

Soies
- Bourre de soie ou fantaisie
- Soie grège
- Soie organsin

Fil de lin

Chanvres
- Filasse de chanvre
- Fil de chanvre

» Assurément ce n'est là qu'une première classification qui appelle la discussion.

» Le grand point qui doit préoccuper le Congrès international, c'est de fixer et de faire admettre partout un même taux de reprise d'humidité aussi juste que possible, par nature de textile ramenée à un état connu de tous, de même que déjà, dans les transactions, l'acheteur et le vendeur connaissent la valeur du poids qui sert à déterminer la quantité de marchandise et le degré

____

(1) Le commerce des blousses ou déchets de laine au peignage est très-important ; mais il se fait sans contrôle. — Il est fortement question d'en demander le conditionnement par suite de la concurrence déloyale qui se fait sur ces matières. Il paraît que pour arriver à certains prix réduits, on introduirait une quantité d'eau ou de substances étrangères pondérantes jusqu'à 10 et 15 0/0. — Dernièrement un journal scientifique étranger contenait une annonce offrant la révélation, pour une somme de 100 fr., d'un moyen pour surcharger les laines jusqu'à 10 0/0.

de finesse du fil, lesquels sont en rapport avec le prix de vente.

» L'institution des bureaux officiels de conditionnement est appelée à rendre d'immenses services (1) M. Michel Alcan, vice-président du Bureau du Congrés international de Bruxelles, dont la compétence a été si remarquée pendant les discussions, exprime son avis à cet égard, dans les termes suivants, dans son traité sur le travail des laines peignées : « l'utilité pratique du conditionnement hygrométrique est aussi nécessaire que le titrage et, il doit être adopté partout et appliqué à toutes les substances, aussi bien au coton qu'au lin, qu'à la soie et à la laine. »

» Quand une autorité semblable se prononce aussi catégoriquement c'est que la question ne laisse pas de doute. C'est un motif de plus pour engager le Bureau du Comité permanent à recommander le recours au conditionnement hygrométrique dans les conditions à débattre, avec la conviction qu'il en résultera un véritable bienfait pour les relations commerciales intérieures et extérieures.

» Quant à la différence dans la latitude, si certains centres producteurs se trouvent placés dans un milieu atmosphérique, soit au-dessus, soit dessous de la moyenne à fixer pour la base d'approximation, circonstance qui pourrait avoir de l'influence sur l'état hygrométrique des filés, les intéressés auront, avec le recours au conditionnement, un moyen fort rationnel

---

(1) Des essais ont dé à été faits pour arriver au conditionnement des farines qui sont parfois surchargées d'eau et plusieurs grandes Compagnies de chemins de fer opèrent depuis longtemps une espèce de conditionnement sur les houilles.

d'équilibrer cette différence, ce sera d'en tenir compté dans le prix de vente. Il est incontestable que le filateur qui, pour une raison ou une autre, livre un fil plus chargé d'humidité qu'un autre filateur, obtient par le fait un rendement supérieur en poids et qu'il n'est que juste qu'il fasse une concession sur le prix.

» Il est certain que la filature peut tirer quelques numéros plus fins et introduire une plus forte dose d'humidité pour faire le numéro demandé.

» Il est bon aussi de faire remarquer que les filés se vendent tantôt au poids avec le conditionnement hygrométrique et sans constatation du numéro du filé, tantôt au poids tel quel et sans conditionnement, mais avec la constatation du numéro.

» Ces différents moyens d'apprécier la quantité et la longueur du fil fournies sont, comme on le voit, bien vicieux et présentent des écarts tels qu'ils peuvent compromettre les intérêts légitimes de l'une des parties contractantes qui ne se rend pas toujours bien compte des causes de ces différences.

» La régularisation dans l'appréciation aura un immense avantage en nivelant les prix souvent illusoires des producteurs et la fabrique des tissus n'aura plus à redouter de mécomptes ni sur le poids, ni sur le numéro du fil plus ou moins surchargé d'humidité et de corps étrangers, irrégularité de surcharge qui facilite jusquà un certain point la concurrence déloyale.

» Le Bureau du Comité permanent voudra bien considérer qu'il s'agit ici d'une mesure d'ordre et d'équité commerciale inséparable de l'uniformité du titrage des filés qui ne sera véritablement résolue que le jour où les questions importantes du conditionnement et du décreusage seront vidés (1).

---

(1) A propos de l'opinion contraire exprimée par la Chambre de Commerce de Lyon (voir la correspondance officielle du Comité permanent du Congrès, page 230 et 231 qui est ainsi conçu, :

» 2° Le titre machand sera-t-il le titre à l'air libre ou le titre conditionné?

» La Chambre de Commerce de Lyon croit qu'en pratique, le *titre conditionné est inutile* et que seul le *titre à l'air libre doit être obligatoire.*

» J'ai le regret de ne pouvoir partager cet avis qui est diamétralement opposé à ce que j'ai avancé dans un opuscule que j'ai présenté en 1874, à la société d'émulation de Roubaix dont je suis membre. J'ai remarqué que le fil de laine peut subir, par le dévidage, pendant les grandes chaleurs, une réduction de 6 à 8°/₀ sur son poids hygrométrique. Je n'ai pas besoin d'insister pour faire comprendre que ce changement trouble l'analogie qui doit exister entre l'échantillon expérimenté et la partie de fil dans laquelle il a été prélevé. Je pense que c'est parce que l'on ne tient pas compte de l'état hygrométrique si variable des fils de soie, de laine, de coton et de lin que de fréquents désaccords surgissent même en douane pour l'application des tarifs.

» Du reste, la Commission de la Chambre de Commerce de Lyon s'empresse d'ajouter sur ce point que « *Elle ne doit « pas laisser ignorer que les avis en fabrique sont loin d'être « unanimes sur cette question, et que bon nombre de fabricants « estiment que le titre conditionné doit rester obligatoire.* »

De plus, la Chambre de Commerce de Lyon se rappelle que « *ayant voulu supprimer le titre conditionné comme étant « à peu près inutile,* selon elle, dans la pratique, *elle a dû le « maintenir dans son essai public sur les observations de M. le « Ministre et du Comité Consultatif des Arts et Manufactures « de Paris.* »

» A mon avis le *titre du fil conditionné* présentant plus de garantie que le titre à l'air libre, il est logique de le rendre obligatoire, en principe, tout en laissant la faculté aux intéressés d'y déroger par une convention spéciale consentie avant la conclusion des transactions.»

» 3° Le décreusage des soies sera-t-il obligatoire?

» La Chambre de Commerce de Lyon est d'avis que le décreu-

« Enfin quels que soient les moyens qui seront
adoptés, il est indispensable pour la moralisation des
transactions commerciales, que *tous les producteurs,
à quelques pays qu'ils appartiennent, soient soumis
à la loi commune* à élaborer par les soins du Congrès
international qui a entrepris cette belle tâche et qui
aura à cœur de la conduire à bien. »

---

sage doit être facultatif et elle ajoute que « *les nombreuses
expériences faites à Lyon indiquent que jusqu'à ce jour, aucune
substance insoluble dans l'eau de savon n'a encore été appliquée
à la soie écrue.*»

» Le Comité permanent croit-il que même dans cette hypothèse,
la surcharge en substances solubles rende inutile l'opération du
décreusage pour la loyauté des transactions? Quelle que soit la
nature de la surcharge elle a pour effet de charger le titre
du fil.

» N'est-il pas juste aussi de tenir compte que les transactions
s'étendent au delà des écrus et que les fils non écrus présentés à
la vente peuvent être surchargés jusqu'à plus de 300 pour 100 de
leur poids?

» C'est évidemment une question à mûrir et à discuter.

» J'ajoute qu'en 1872, M. le Ministre de l'Agriculture et du
Commerce ému des plaintes qui lui avaient été souvent adressées
au sujet de l'abus de la charge des soies, a dû charger une Commission pour examiner dans quel sens et dans quelles proportions il conviendrait de restreindre cette pratique et un question-
naire a dû être adressé aux Chambres de Commerce des principales
villes ou s'exercent l'industrie des tissus.

» M. le Ministre aurait même demandé s'il n'y aurait pas lieu
de confier aux bureaux de conditionnement le soin de déterminer
les proportions de la charge qui devraient être indiquées aux
acheteurs.

Dans son traité du travail de la laine peignée, M. Michel Alcan,
1873, page 413 à 421, parle aussi de la nécessité d'un laboratoire
d'essais pour déterminer la pureté de la laine et il commente des
essais qui ont été fait à ce sujet par M. Jules Persoz, l'habile
directeur de la Condition publique de Paris d'une part, et par
MM. Richard Lagerie et A. Musin de Roubaix, d'autre part.

La question hygrométrique est une question capitale pour les transactions : Dans les achats comme dans les ventes, on doit rechercher les meilleures bases d'appréciation de la valeur intrinsèque du textile à l'état brut ou à l'état ouvré; il est évident que ces bases reposent sur le poids, les dimensions, le volume et les qualités appréciables de beauté, de finesse et de pureté :—Celui qui achète un lingot d'or, par exemple, le porte à l'essayeur et, quand le titre en est déterminé, il offre un prix au vendeur en raison de ce titre. — Le commerçant en spiritueux fait distiller un échantillon du liquide pour le titrer en alcool absolu et il règle le prix d'après le titre.—Le savonnier fait déterminer la richesse réelle des matières en potasse pure, et il base ses offres d'après les résultats obtenus.

Pourquoi en serait-il autrement des matières textiles dont le prix est purement nominal et fictif dès que le *poids normal n'est pas constaté ?*

Les textiles se vendent au poids : — donc il faut rendre possible la constatation de ce poids. Or, cette constatation est impossible sans la fixation d'un *quantum* d'humidité normale pour tous. (1)

Ainsi que cela a été démontré, indépendamment des dispositions naturelles des textiles à subir les différents états hygrométriques des lieux où ils sont exposés, ils subissent encore diverses manutentions qui en font varier le poids avant d'arriver à l'emploi dans l'industrie ou à la consommation.

---

(1) A moins de revenir à l'idée de la vente des textiles au poids absolu, proposition déjà faite en 1858, à la Société Industrielle de Reims et qui a été rejetée.

Pendant longtemps, des Industriels, des Chambres de Commerce et le Gouvernement français se sont préoccupés de la constatation et de la règlementation de la sèche normale des matières textiles; mais soit que les éléments de l'étude n'aient pas été suffisants ou que l'on se soit arrêté à certaines objections plus ou moins fondées au sujet de la liberté du commerce, aucune solution satisfaisante n'a été donnée.

Pourtant afin de rester dans le vrai, il faut reconnaître qu'un premier pas a été fait à cet égard, pour la soie et pour la laine par la reconnaissance implicite du contrôle du conditionement hygrométrique par la loi de 1866 ; mais ce n'est qu'un premier pas qui en réclame d'autres pour compléter une œuvre éminemment utile.

Il ressort, en effet, de la loi du 13-20 juin 1866, sur les usages commerciaux, que « en l'absence de » conventions contraires librement consenties entre les » parties, le taux de 17 0/0 pour la laine et celui de 11 0/0 pour la soie seront admis en cas de discussion; mais la loi reste muette en ce qui concerne le coton, le lin et le chanvre.

Pour la soie, il n'y a pas de difficulté; en pratique on tolère, dans tous les pays commerciaux d'Europe, le taux de 11 0/0 d'humidité au poids absolu.

Pour la laine, il n'en est pas de même, bien que la loi de 1866 s'en soit occupé. En effet, elle a fixé un taux officiel tout en déclarant qu'il est loisible aux intéressés d'y déroger (1). De sorte que l'on condi-

---

(1) Il faut remarquer que la même facilité n'a pas été laissée pour la soie.

tionne la laine tantôt avec 17 0/0, tantôt avec 18 1/4 0/0 ou 20 0/0 de reprise d'humidité. Pour la morale, il en ressort qu'une laine est achetée avec 17 0/0 et qu'elle peut-être revendue avec 20 0/0 d'humidité....

On se demande pourquoi, afin d'éviter les surprises et les conflits, on ne fixe pas un taux, comme pour la soie, applicable respectivement à la laine, au coton, au lin et au chanvre. (1)

A l'heure qu'il est, dans nos contrées, le *taux officieux* de 7 1/2 0/0 d'humidité généralement toléré pour les cotons, a déjà fait l'objet de plusieurs réclamations de la part de la filature qui prétend que le taux de 9 à 9 1/2 0/0 serait plus équitable; — Les taux d'humidité de 10 à 12 0/0 pour les lins et ceux de 12 à 13 0/0 pour les chanvres ne sont aussi que des *taux officieux* sujets à contestation.

Il y aurait donc tout intérêt à faire étudier sérieusement ces questions.

Faute d'une base appliquée comme pour la soie, à tous les centres commerciaux qui ont des rapports entre eux, on vend par le fait, à *faux poids* et on *trompe sur la quantité de la chose vendue.*

Voici comment on est arrivé à fixer le taux de la reprise légale de 11 0/0 au poids absolu de la soie.

En 1833, la Chambre de Commerce de Lyon a admis que le poids à considérer comme normal, est celui constaté après 24 heures d'exposition de la soie suspendue à l'air libre, à l'ombre dans une chambre dont les croisées étaient restées ouvertes. (2)

---

(1) Voir à ce sujet les observations présentées au Comité du Congrès international des fils.

(2) On reconnaît l'analogie qui existe avec la première idée qui a pris naissance lors du conditionnement primitif à Turin.

Après cette exposition, nombre de fois répétées, par les soins et sous la surveillance du même Corps constitué, la soie fût soumise minutieusement à la dessiccation absolue et donna finalement une perte moyenne d'environ 11 0/0 d'humidité.

En 1852, à Paris et à Reims, on se préoccupa également du conditionnement des laines, et à la suite d'un travail remarquable de M. J. Persoz père, sur la fixation d'un taux normal, le Gouvernement admit que le taux de 15 0/0 était légal. — Mais bientôt Reims et plus tard Roubaix, grands centres consommateurs de laines, trouvèrent cette reprise insuffisante pratiquement et, d'un commun accord, le commerce et l'industrie l'élevèrent *officieusement* à 18 1/4 0/0.

Aujourd'hui, malgré la loi de 1866 sur les usages commerciaux, qui fixe le taux à 17 0/0, c'est encore celui de 18 1/4 0/0 qui est le plus généralement appliqué aux laines peignées.

Il est peut-être bon d'ajouter qu'à la suite d'un avis publié par la Condition publique de Roubaix, concernant la mise en vigueur de la loi de 1866, un groupe de négociants de Roubaix et de Tourcoing adressa au Comité de surveillance de cet établissement une supplique tendant à obtenir, pour la facilité des rapports et à titre officieux, la continuation de l'inscription du résultat du conditionnement des laines, à la reprise de 18 1/4, ce taux étant passé en usage dans les principales villes de fabrique.

Le Comité crut devoir accueillir favorablement cette demande en s'appuyant sur ce que :

1° La loi du 13-20 juin 1866, n'impose le taux de

17 0/0 pour les laines qu'en l'absence de conventions contraires librement consenties entre les intéressés;

2° La réclamation ne présentait rien d'opposé à l'esprit de la loi;

3° Dans tous les cas, l'indication sur les bulletins de conditionnement des laines peignées du taux officiel de 17 0/0 et du taux officieux de 18 1/4 0/0, n'engage nullement les intéressés en faveur d'un taux plutôt que d'un autre; au contraire, cette indication les mettant en possession de renseignements utiles qu'ils ont, aux termes de la loi, la complète liberté de discuter.

La question de la fixation des taux de reprise d'humidité est donc discutée, controversée et laborieuse.

On peut expliquer la différence de reprise d'humidité entre la laine peignée et laine filée de la manière suivante :

Il paraît qu'il est indispensable, pour la bonne filature et pour la meilleure disposition des filaments, que la laine peignée contienne plus d'humidité qu'elle ne doit en contenir réellement dans un état normal. On a donc recherché l'humidité la plus favorable à cette manutention et on est arrivé à reconnaître le taux de 18 14 % comme nécessaire. Ce n'était pas une raison pour faire payer au prix de la laine cet excédant d'humidité.. mais l'usage l'a consacré avec le temps.

Lorsqu'il s'agit de la vente de la laine convertie en fil, la même raison n'existe plus ; on doit considérer l'état moyen de l'humidité ordinaire du fil de laine à la sortie du métier, et cet état varie seulement entre 13 et 15 0/0, d'après M. Persoz père. — Toutefois comme la température des ateliers de filature est plus élevée

que la température moyenne, on fait reprendre au fil,
par différents moyens, une certaine dose d'humidité qui,
réunie à celle constatée à la sortie du métier du fileur,
devrait se rapprocher sensiblement de 16 1/2 à 17 0/0.

Cependant, dans le commerce, rien n'est encore défini
à ce sujet : les uns veulent 17 0/0 et les autres 18 1/4
ou 19 ou 20 0/0.

Où est la vérité ?. . .. . . , ... , .

En 1858, une proposition tout-à-fait nouvelle fut
faite à la Société industrielle de Reims, par trois de ses
Membres, afin de tourner la difficulté de la reprise
d'humidité: Elle consistait à supprimer toute reprise
légale ou conventionnelle et à adopter le poids absolu
comme base unique du conditionnement. Elle était rai-
sonnée sur ce que «du moment où l'acheteur est satis-
» fait de la laine qu'il achète et où il connaît la véritable
» proportion de laine sèche vendue, toutes les condi-
» tions nécessaires ou utiles sont remplies.»

Cette proposition quoi qu'on en ait dit, avait cependant
un côté très-sérieux digne du plus vif intérêt, mais elle
n'a amené qu'un orage violent parmi les membres de
cette société, à la suite duquel la proposition a été
rejetée à une forte majorité.

C'est aussi pendant cette période que le Gouverne-
nement français, conformément a l'avis émis par le
Conseil d'Etat, prît la résolution de limiter l'action des
Conditions publiques de France, à la vérification du
poids absolu de toutes les matières textiles, et de laisser
à chacun le soin de débattre, comme pour l'escompte,
le taux d'humidité à tolérer. Mais le Gouvernement ne
tarda pas à revenir sur cette mesure vivement com-
battue. L'escompte, en effet, porte sur un capital cer-

tain et connu de tous; il n'en est pas de même du poids
variable de la laine avec des taux de reprises différentes.

Quoi qu'il en soit, M. Michel Alcan, dans son traité
des laines, ouvrage déjà cité plusieurs fois et que tous
les commerçants et industriels de textiles doivent avoir
dans leur bibliothèque, dit « il est extrêment désirable,
» dans l'intérêt de tous, d'arriver à s'entendre sur une
» même unité de reprise; c'est d'ailleurs là l'avis des
» hommes compétents de la plupart de nos cités manu-
» facturières. »

Il est incontestable que si les Corps constitués et le
Gouvernement, malgré tous les moyens qu'ils ont en
leur pouvoir pour être renseignés exactement, ne peuvent arriver à fixer les taux de reprise d'humidité à
tolérer dans les textiles, il est tout-à-fait impossible
d'admettre que les Commerçants et les Industriels intéressés puissent le faire d'une manière équitable.

Lorsqu'il s'est agi en 1859, du conditionnement des
cotons, dont la priorité revient à la Condition publique
de Roubaix, on employa le même moyen d'étendage
pratiqué à Lyon, pour la détermination de l'état moyen
et normal de la soie. — Après avoir fait de nombreuses
expériences sur des cotons de diverses provenances, la
Condition publique de Roubaix ne se contenta pas des
résultats obtenus et elle s'adressa à MM. Persoz et
Gamot, Directeurs des Conditions publiques de Paris et
de Lyon qui répondirent à cet appel avec le plus obli-
geant empressement. Leur concours précieux confirma
les résultats de Roubaix sur des cotons tels quels. (1)

---

(1) Moyenne   de   Paris . . . 8. 26 °/°
    »   de Lyon . . . 8. 51 °/°
    »   de Roubaix . 8. 68 °/°

Mais il s'agissait de rechercher la reprise normale d'humidité des cotons et M. Gamot ayant bien voulu se charger de procéder à de nouvelles expérimentations sur des cotons fournis en prenant pour base vraie, le mode employé pour la soie, dont la description a été faite précédemment, obtint une perte moyenne pour cent de 6.92 correspondant à une reprise d'humidité de 7,434 0/0 à ajouter au poids absolu. Toutefois la Condition publique de Roubaix proposa le *taux de 7 1/2 0/0* comme ramenant le coton filé à un état normal. — Le taux ne fut pas admis par le Gouvernement, parce qu'il s'agissait à cette époque du conditionnement à l'absolu ; mais il resta dans la pratique à Roubaix et à Amiens.

Des expériences faites à la Condition publique de Roubaix, sur des cotons filés pris sur les métiers à la filature ont fait ressortir une composition hygrométrique d'environ 5 0/0 sur les fils. Ce résultat est du reste confirmé par le savant M. Wurtz de l'Académie de Paris. Les cotons bruts varient dans leur composition hygrométrique, entre 9 et 11 0/0.

En 1869 avant l'extension du conditionnement aux cotons, à la suite d'un immense incendie, un des plus grands manufacturiers de Roubaix, M. Motte-Bossut, adressa la lettre suivante au Directeur de la Condition publique de Roubaix :

« Roubaix, le 29 juillet 1860.

»Je vous remercie sincèrement de l'expérience à laquelle vous avez bien voulu vous liver sur nos cotons bruts (10.80) et filés (5.24). Elle n'a pu m'être utile parce qu'elle manquait de son caractère authentique, mais si la Condition avait été autorisée à expérimenter sur le coton aussi bien que sur les laines et les soies, votre affirmation

qui aurait eu force de loi en justice, nous aurait épargné la
la perte de 3 0/0 qu'on nous impose arbitrairement et
qui, dans l'expertise de 200 mille kilogr. dont s'agit,
représente 6,000 kilogr. d'une valeur de 13 à
14,000 fr.

» A titre de renseignement, votre expérience si elle
n'a pu sauver nos intérêts pécuniaires mis en cause,
n'en est pas moins très-intéressante pour nous.

    » Je vous prie, etc.

             » Signé : MOTTE-BOSSUT. »

Comme on le voit la fixation d'un taux de reprise
d'humidité pour le coton peut même être utile en cas
de sinistre, pour apprécier les dommages causés.

On allègue que Lille et Rouen s'opposent autant que
possible au conditionnement du coton et du lin *parce
qu'il serait une source d'entraves et d'ennuis perpétuels*. Aussi les *filateurs* de ces deux villes n'en
font-ils *usage que pour les gros Numéros jusqu'au
Nº 60 ᵐ/ᵐ exclusivement*.

Il serait assez curieux d'entendre expliquer pourquoi
le conditionnement serait bon pour les *gros Numéros
jusqu'au Nº 60 ᵐ/ᵐ exclusivement* pour régler et le
poids et le Numéro du fil et pourquoi il cesserait de
l'être pour les Numéros fins..... Il s'agit pourtant,
dans l'un comme dans l'autre cas, de la constatation
du poids hygrométrique et de la longueur du fil nécessaire pour former le poids de 1 kilogramme loyal et
marchand. (1)

---

(1) Voir les procédés indélicats signalés par M. le Président de la
Chambre de Commerce de Manchester, reproduits dans l'opuscule
que j'ai présenté à la Société d'émulation de Roubaix en 1874,
à propos du titrage des fils, page 36 et suivantes.

Il est évident qu'une sage règlementation pour la fixation du poids loyal de ces textiles, comme pour la soie, est le moyen le plus sûr d'empêcher les différends entre les contractants.

La question du conditionnement du lin et du chanvre a fait l'objet d'une correspondance en 1863, entre des négociants d'Amiens et la Condition publique de Roubaix. — Le conditionnement de ces deux textiles n'étant pas autorisé alors, ces messieurs signalèrent cette lacune comme étant très-regrettable.

Plusieurs expérimentations furent faites officieusement, mais les choses en restèrent là, aucune demande n'ayant été formulée à l'Administration pour obtenir l'extension du conditionnement au lin et au chanvre.

Depuis, un jeune Ingénieur filateur de lin à Lille (1) a fait une étude très-intéressante sur la culture et sur l'industrie du lin. Il s'est ensuite occupé de la question du conditionnement du lin et du coton.

Nous nous arrêterons un instant à cette dernière étude qui touche au sujet traité dans ce travail, parce qu'elle donne lieu à quelques objections :

Dans un rapport qu'il a présenté à la Société industrielle du Nord, en 1873, M. Alfred Renouard s'exprime de la manière suivante :

. . . .

« Avant de soumettre le lin aux expériences du con-
» ditionnement, on pourrait se poser cette question :
» les matières doivent-elles être décreusées ? (2)

---

(1) M. Alfred Renouard.

(2) Poser la question n'est-ce pas la résoudre ? Si on veut moraliser les transactions il faut évidemment dévoiler les surcharges frauduleuses qui pourraient y être introduites.

» A notre sens, le lin doit être le plus possible dépouillé de la paille qui l'entoure et qui ne constitue pas une de ses parties spéciales, il doit donc être *conditionné à l'état peigné*; mais il n'a pas besoin d'être décreusé. Toutefois, comme il est difficile de dépouiller complètement le lin de sa paille, le chiffre de reprise peut n'être pas d'une exactitude aussi absolue que pour la laine ou la soie (1).

» On doit en outre, se rappeler que, pour le *lin de Courtrai*, le conditionnement pourrait amener une légère erreur : celui qui a vu travailler ces matières sait bien que les ouvriers belges, *pour leur donner plus de souplesse* promènent autour des mèches teillées *leurs mains imprégnées d'une petite quantité de graisse ou de beurre*. Ces substances, qui ne nuisent pas à la qualité du produit, donneraient toutefois à la sèche un poids superflu qui ne proviendrait pas du lin lui-même (2).

» On doit aussi se souvenir qu'en déterminant le chiffre de reprise du fil crêmé, on opère sur une matière, qui a changé en partie de constitution et s'est entourée dans l'opération du crêmage de substances étrangères, minimes il est vrai, mais réelles (3).

-----

(1) L'épaillage chimique pourrait-être utilement employé pour ce cas.

(2) Donc, il y a nécessité de décreuser et de conditionner pour établir le poids loyal et marchand.

(3) La même observation peut être faite pour les laines peignées, dont la constitution est complètement transformée par le lavage et l'ensimage et cependant on conditionne les laines à Roubaix par millions de kilogrammes et on s'en trouve bien à tous les points de vue.

Pourquoi en serait-il autrement pour les lins?

» Le chiffre de reprise du fil de jute (1) est aussi déterminé sur une matière qui pour être filée, a besoin d'être lubrifiée et contient par suite à l'état manufacturé de l'huile de phoque ou de baleine, de l'eau de savon et parfois de la potasse (2).

» Tout ceci, étant bien établi, il nous reste à faire connaître le résultat de nos expériences. Celles-ci ont été conduites de deux façons, les premières à Roubaix sur des échantillons directement pris dans nos magasins ; les secondes à Paris sur des types qui avaient pendant un certain temps séjourné dans des appartements dont on avait noté la moyenne de la température et le degré d'hygrométrie.

» Le 28 octobre 1873, nous sommes donc allé à Roubaix dans le but de déterminer la reprise des lins et des fils à la Condition publique de cette ville. Nous eûmes recours à l'obligeance de M. Musin, directeur du conditionnement . . . .

» Les différents types qui devaient servir aux essais avaient, autant que possible, été choisis très-disparates. ils consistaient en :

Fil de jute.	N° 6.
» lin sec	N° 20.
» lin mouillé	Nᵒˢ 22 et 50.
» d'étoupe sec . . .	Nᵒˢ 8 et 16.
» » mouillé . .	N° 20
Fils crêmés et blanchis . .	N° 30, 2 types.

---

(1) Espèce de chanvre provenant de l'Inde.

(2) Ces difficultés ne sont pas insurmontables et le moyen le plus rationnel qui s'offre à la pensée, c'est de procéder au décreusage comme cela a lieu pour la laine et pour la soie.

— 68 —

Lins rouis à l'eau . . . .   Riga et Pernau.
 » » sur pré. . . .   Picardie et Caux.
Etoupes russes. . . . .   2 types.
Emouchures de Picardie . .   »

» Dix-neuf expériences furent successivement effectuées au bureau de Roubaix ; les résultats trouvés ont été les suivants :

DÉSIGNATION DES TYPES	Poids primitif.	Poids réduit à l'absolu.	Reprise d'humidité 0|0 à ajouter au poids absolu pour reconstituer le poids primitif.
	k. gr. m.	k. gr. m.	
Fil de jute n° 6	0 029 250	0 025 600	14 257 0/0
Fils de lin { n° 20 sec	0 025 820	0 023 000	12 695 «
n° 22 mouillé	0 017 960	0 016 100	11 552 «
n° 50 id.	0 009 800	0 008 800	11 363 «
Fils d'étoupes { n° 8 sec	0 062 400	0 055 750	11 928 «
n° 16 id.	0 029 420	0 026 300	11 863 «
n° 20 mouillé	0 025 870	0 023 200	11 508 «
Fil crémé n° 30	0 038 960	0 035 400	10 056 «
Fil 1/4 blanc n° 30	0 016 040	0 014 500	10 620 «
Lin de Pernau	0 038 450	0 034 400	11 773 «
Echantillon du même	0 095 850	0 085 600	11 974 «
Lin de Picardie (Doullens)	0 044 370	0 039 500	12 329 «
Lin de Picardie (Vimeux)	0 077 550	0 068 500	13 212 «
Lin gris de Riga	0 060 700	0 053 900	12 634 «
Lin blanc de Riga	0 046 320	0 041 200	12 427 «
Etoupes russes mélangées	0 018 750	0 016 500	13 697 «
Second échantillon id.	0 066 100	0 058 850	12 319 «
Emouchures de Picardie	0 072 620	0 063 000	14 000 «
Second échantillon id.	0 076 800	0 067 200	14 285 «

» Outre les indications fournies par ce tableau et établies avec le plus grand soin, M. Musin voulut nous communiquer quelques observations faites à ce sujet dont voici la teneur :

» Je dois vous faire observer que ce ne sont là que des résultats tels quels :

» Peut-on s'en servir pour apprécier, même approximativement, le taux normal de reprise d'humidité pour cent de ce textile ? Je ne le pense pas, attendu que les types dont il s'agit avaient dû subir l'influence d'un milieu essentiellement variable qui avait pu changer leur hydratation ordinaire résultant de la manutention.

» Je crois donc que pour arriver à un résultat offrant des garanties de sécurité pour tous les intérêts en jeu, il y aurait utilité de déterminer par des expériences nombreuses et soigneusement faites pour le prélèvement des types :

» 1° Quel est l'état hygrométrique habituel?
— du lin teillé ;
— du lin peigné ;
— du lin étiré ou filé au sec ou au mouillé ;
— du lin en écheveaux sortant du séchoir ;
— du lin en paquets de fil.

» 2° Quelles sont les variations qui peuvent se produire aux différents degrés de crêmage des fils?

» 3° Si les fils de long brin prennent ou conservent l'humidité exactement de la même manière que les fils d'étoupe ?

» 4° Quelle est l'humidité pour cent qu'absorberaient à chaque saison de l'année, par un étendage uniforme, les divers types préalablement soumis à la dessiccation absolue? (1).

------

(1). Ainsi qu'on le verra plus loin, M. Persoz, fils, directeur de la Condition Publique de Paris, a constaté que le *lin soumis à l'exsiccation absolue ne peut plus reprendre une proportion normale d'eau.* Il y a donc là une difficulté à résoudre pour l'adoption d'un moyen plus satisfaisant.

» Toutefois les recherches dont nous entretient M. Musin seraient sans contredit, très-intéressantes, mais quelques-unes cependant nous semblent moins utiles que d'autres.

» Dans la 1ʳᵉ question, par exemple, pour rechercher la reprise d'un lin étiré ou d'un lin en écheveau sortant du séchoir; d'une part, il faudrait alors conditionner des échantillons sous une forme de mèche ou de ruban, qui ne donne lieu à aucune transaction extérieure; d'autre part, la température des séchoirs n'étant jamais constante, la reprise qu'on pourrait donner au fil retiré directement des perches ne ferait qu'indiquer si le séchoir fonctionne bien ou mal, mais ne pourrait-être considérée comme réelle. (1).

» Des expériences de ce genre, indiqueraient surtout la proportion d'humidité que peut gagner le lin dans les diverses manipulations de la filature, et fourniraient une sorte d'échelle de reprises devant amener au chiffre véritable; mais pour qu'elles se rapprochassent le plus

---

(1). Il est incontestable que les recherches dont-il s'agit pour la fixation d'une reprise d'humidité normale, exigent beaucoup de soins et de précautions; il ne faut pas oublier non plus qu'elles doivent être faites d'une manière spéciale. — Les mêmes difficultés se sont présentées pour la soie et elles ont été vaincues. Les bases une fois bien raisonnées et bien établies devront être adoptées par la pratique. Il en résultera que les prix de vente ne seront plus fictifs puisqu'ils seront fixés équitablement en raison de la quantité de lin ramené à une composition marchande constante pour tout e monde.

Du reste, à titre de renseignement, il n'est pas aussi inutile que semble le penser l'auteur du rapport, de chercher à se rendre compte de l'état moyen d'humidité du lin soit par *le toucher* à chaque manutention convenable, soit par un *étendage uniforme* pendant le même temps dans un même milieu moyen, pris à tous les degrés de transformation, et d'en faire déterminer l'état d'hydratation à l'aide de la dessiccation absolue.

possible de l'exactitude absolue, il faudrait alors déterminer la reprise des matières directement à leur
sortie de chaque métier et sans les transporter au
dehors de l'atelier ou on les prépare. (1).

» Ce travail, serait des plus minutieux et difficilement juste; aussi croyons-nous que, bien que ces données seraient loin de nuire à la détermination du
chiffre définitif, il est encore préférable, en cet ordre
d'idées, de s'en tenir à la quatrième question posée par
M. Musin: « Déterminer quelle est l'humidité pour $0/0$
qu'absorberaient à chaque saison de l'année, par un
étendage uniforme, les divers types préalablement soumis à l'exsiccation absolue. (2)

» Nous pensons, en effet, que des expériences nombreuses doivent être faites pour déterminer exactement
ces chiffres de reprise, mais nous croyons qu'elles doivent être répétées de préférence seulement sur des
types marchands et ayant séjourné un certain temps en
magasin; ceci est surtout vrai pour les fils au mouillé
qui ont besoin de laisser évaporer le superflu d'humidité
dont on les a *arrosés artificiellement au sortir du
séchoir, afin de leur rendre,* comme on dit, *la main
qu'ils ont perdue.* En reprenant les essais faits à Roubaix
et à Amiens sur des types commerciaux provenant de
diverses manufactures, et en corroborant ensuite les
résultats obtenus pour en prendre la moyenne, il nous

---

(1) Cela n'est pas indispensable puisque l'auteur du rapport
reconnaît qu'il y a une grande irrégularité dans le travail des
préparations dans les ateliers.

Il semblerait plus logique de laisser le soin à la nature de restituer
au lin une reprise normale par un étendage dont les conditions
devraient être rigoureusement déterminées et observées.

(2.) Voir l'observation de M. Persoz, déjà citée.

semble qu'on arriverait tout naturellement à déterminer des reprises assez exactes. Les échantillons fournis par nous étaient-ils dans les conditions ordinaires d'hygrométrie. Nous l'ignorons, mais ils ont autant que possible été livrés dans leur état normal; les lins et les fils secs avaient été prélevés directement dans nos magasins, les fils mouillés provenaient de diverses filatures du département.

» Jusqu'à un certain point, nous avons examiné dans notre série d'essais à Roubaix, la plupart des types que nous désigne M. Musin. Nous laissons de côté le lin teillé dont nous avons déjà parlé, mais pour le lin peigné ou à l'état de fil, nous avons fourni divers échantillons sur lesquels on a expérimenté.

» Nous avons aussi quelque peu étudié quelques-unes des variations pouvant se produire aux différents degrés de crêmage du fil, car la reprise a été déterminée sur deux types de nos échantillons pour un même numéro crêmé ordinaire et quart blanc. Resterait à opérer sur différents types de 1/2 blancs, 3/4 blancs, blancs parfaits, demi crêmés etc... et ici surtout ressort la nécessité d'expériences nombreuses.

» Enfin, pour déterminer si les fils de long brin prennent ou conservent l'humidité exactement comme les fils d'étoupes, il serait facile de s'en rendre compte par des pesées directes et comparatives sur des échantillons en lin et en étoupe, amenés l'un et l'autre à un degré d'exsiccation équivalent et *arrosés* ensuite d'une égale quantité d'eau. Mais il nous semble cependant que l'un doit tout naturellement être plus hygrométique que l'autre, le lin n'étant formé. comme on le sait, que de fibres parallèles, et les étoupes de filaments enchevêtrés les uns dans les autres, formant éponge en quelque sorte et présentant une surface plus grande à l'action capillaire. (1)

» Nous pensons, en outre, pouvoir affirmer que les chiffres que nous a fournis M. Musin et qu'il juge lui-même peu approximatifs, ne peuvent, il est vrai, faire jusqu'ici force de loi, parce qu'ils ne sont que le résultat de premières expériences, mais peuvent être regardés comme *très-approchants de la reprise exacte.*

Amiens ayant fait des expériences similaires, M. Renouard fit des démarches pour en connaître les résultats.

Voici le détail des quatorze expériences faites sur quatre parties de fils de lin, neuf parties de lin teillé et une partie de chanvre de provenances différentes.

DÉSIGNATION DES LOTS	Poids d'entrée dans le bureau de condition-nement.	Poids reconnus après la sèche à l'absolu	Perte au cent
	k. gr. m.	k. gr. m.	
Fil de lin gris.	1 509 350	1 332 400	11 723
Fil de lin crêmé	1 122 900	1 013 150	9 773
Fil de lin 1/4 blanc . .	1 099 500	0 999 650	9 081
Fil de lin gris écru . .	0 984 150	0 869 100	11 690
Lin teillé de St-Quentin . ..	0 916 100	0 796 550	13 049
Lin teillé, H.D. de Russie, Pernau.	1 144 950	1 002 100	12 476
Lin teillé d'Ailly (Somme). .	1 133 000	1 170 500	12 190
Lin teillé du Vimeux. .	1 162 450	1 007 350	13 342
Lin teillé d'Eu . . .	1 001 750	0 867 700	13 381
Lin teillé d'Irlande . .	0 886 750	0 774 700	12 636
Lin teillé d'Arkangel. .	1 011 300	0 887 750	12 216
Chanvre teillé. . . .	0 785 850	0 687 900	12 464
Lin teillé de Caux. . .	0 732 900	0 647 700	11 625
Lin teillé de Bergues. .	0 041 250	0 896 900	13 863

(1.) L'arrosage du lin proposé présenterait beaucoup d'inconvénients et d'irrégularité; mieux vaudrait toujours la reprise à l'étendage dans des conditions déterminées.

» Les mêmes lots ont servi aux mêmes essais après avoir séjourné pendant 15 jours, dans un local à l'abri des courants d'air, à la température de 80 degrés à l'hygromètre et 15 degrés au thermomètre centigrade. Les résultats obtenus ont été les suivants :

DÉSIGNATION DES LOTS	Poids invariables après 15 jours de reprise à 15° centigr. et 80° hygrométriq.	Poids reconnus après la 2° opération de sèche à l'absolu	Perte au cent
	k. gr. m.	k. gr. m.	
Fil de lin gris.	1 482 500	1 332 400	10 124
Fil de lin crêmé	1 114 450	1 013 150	9 089
Fil de lin 1/4 blanc . . .	1 092 800	0 999 650	8 523
Fil de lin gris écru . . .	0 961 500	0 869 100	9 609
Lin teillé de St-Quentin . .	0 885 250	0 796 550	10 019
Lin teillé H. D. de Russie Pernau.	1 108 000	1 002 100	9 557
Lin teillé d'Ailly (Somme). .	1 297 050	1 170 500	9 756
Lin teillé du Vimeux. . .	1 114 000	1 007 350	9 573
Lin teillé d'Eu	0 962 100	0 867 700	9 811
Lin teillé d'Irlande . . .	0 857 600	0 774 700	9 666
Lin teillé d'Arkangel. . .	0 987 700	0 887 750	10 119
Chanvre teillé. . . .	0 771 550	0 687 900	10 841
Lin teillé de Caux. . .	0 720 300	0 647 700	10 079
Lin teillé de Bergues. .	0 999 800	0 896 900	10 292

» Il est résulté de cette seconde expérience que la moyenne des différentes pertes à l'absolu a pu être déduite comme suit :

Fil de lin gris	10 124	0/0
» écru	9 609	»
» crêmé	9 089	»
» 1/4 blanc.	8 523	»
Lins teillés de France, Irlande, Russie etc.	10	»	»
Chanvres teillés.	11	»	»

» Voici les résultats de la troisième série d'expériences sur des échantillons de jute, étoupe et lin crêmé.

DÉSIGNATION DE LOTS	Poids d'entrée au bureau de conditionne-ment.	Poids reconnus après la séch- à l'absolu	Perte au cent (1)
	k. gr. m.	k. gr. m.	
Fil de jute	0 526 700	0 442 750	15 933
Fil d'étoupe	0 530 400	0 472 250	10 963
Fil d'étoupe sec gris . .	0 657 900	0 589 000	10 472
Fil de chanvre mouillé gris	0 560 350	0 493 150	11 992
Fil de lin crêmé . . .	0 570 350	0 523 200	8 266
Fil de lin crêmé . . .	0 480 350	0 452 250	5 849

» Ces mêmes échantillons après 15 jours de reprise dans les conditions ordinaires ont amené :

DÉSIGNATION DES LOTS	Poids invariables après 15 jours de reprise à 15° centig et 80° hygrométriq.	Poids reconnus après la sèche à l'absolu 2° opération	Perte au cent
	k. gr. m.	k. gr. m.	
Fil de jute	0 507 550	0 442 750	12 766
Fil d'étoupe	0 534 200	0 472 250	11 596
Fil d'étoupe sec gris . .	0 664 950	0 589 000	11 421
Fil de chanvre mouillé gris	0 559 950	0 493 150	11 929
Fil de lin crêmé . . .	0 581 650	0 523 200	10 049
Fil de lin crêmé . . .	0 502 950	0 452 250	10 080

» Ce qui a permis de déduire les reprises suivantes :

Fils de jute 13 0/0
» chanvre . . . . . 12 »
» étoupe 11 1/2 0/0
» lin . . . . 10 »

» Il est à remarquer que les échantillons soumis aux expériences indiquées dans le dernier tableau avaient repris leur poids réel et normal avant d'être soumis à la seconde épreuve de dessiccation.

» MM. Bénard et Roger ont terminé toutes ces expériences en vérifiant sur deux types de fil de lin et sur deux autres de phormium, quelle était l'influence que pouvaient exercer sur ces quatre échantillons les variations de température et la quantité d'humidité contenue dans l'atmosphère. Nous n'aurons garde d'oublier ces essais qui répondent entièrement à l'une des principales questions posées plus haut par M. Musin.

DATE des EXPÉRIENCES	Poids	Therm.	Hygrom.	Perte à l'absolu au cent	
FIL DE LIN					
1866	k°	degré	degré		Poids d'entrée
23 Juin	16 602	23	70	9 60	
25 Juin	16 639	22	72	9 80	
4 Juillet	16 634	22	80	9 77	
28 Juillet	16 639	23	82	9 80	
7 Août	16 639	23	85	9 80	
28 Septembre . . .	16 788	16	100	10 60	
13 Octobre	16 759	14	92	10 45	
8 Novembre . . .	16 745	15	95	10 37	
FIL DE PHORMIUM					
23 Juin	21 880	23	70	17 20	Poids d'entrée
25 Juin	21 750	22	72	16 70	
4 Juillet	21 236	22	80	14 68	
28 Juillet	20 680	23	82	12 40	
7 Août	20 681	23	85	12 40	
28 Septembre . . .	20 698	16	100	12 47	
13 Octobre	20 658	14	92	12 30	
8 Novembre . . .	20 656	15	95	12 29	

» Comme on le voit par ce tableau, les mêmes épreuves ont été faites sur 16 k. 602 de fil de lin et sur 21 k. 880 de fil de phormium. La première de ces matières étant en état de sursèche, a toujours de plus en plus excédé en poids; la seconde trop humide, a perdu de son poids primitif au fur et à mesure qu'elle est rentrée dans son état moyen d'évaporation lors de la sèche à l'absolu.

Tout en rendant hommage aux recherches intelligentes de MM. Roger et Bénard (1) qui jettent une certaine lumière sur la question, il convient de faire observer qu'aux résultats pour 100 indiqués dans les tableaux qui ont rapport aux expériences faites à Amiens, il y a lieu de rechercher et d'ajouter la *reprise correspondante sur le poids absolu qui est un peu plus forte que la perte au cent mentionné.*

Ce renseignement est d'autant plus indispensable qu'il est véritablement la solution cherchée.

Paris et Roubaix fournissent ce renseignement en ce qui concerne leurs expériences respectives. Si on n'en tenait pas compte à Amiens, il y aurait nécessairement une erreur qui fausserait les points de comparaison si importants dans la question.

M. Persoz fils, Directeur de la Condition publique de Paris, ayant bien voulu se mettre à la disposition de M. Renouard, pour la continuation des recherches faites à Amiens et à Roubaix, ce dernier se rendit à Paris

---

(1). M. Roger est membre de la Chambre de Commerce d'Amiens et Membre du Comité permanent du Congrès internationnal pour l'unification du titrage des filés. M. Bénard est directeur de la Condition publique d'Amiens et également membre du Comité permanent cité.

avec des échantillons sur lesquels commencèrent les nombreuses et savantes expériences dont il va être fait mention.

Dans son rapport, M. Renouard, indique les résultats obtenus et pour montrer la manière dont les expériences ont été conduites, il reproduit la lettre suivante que lui adressa à ce sujet M. Persoz :

« J'ai l'honneur de vous adresser le tableau résumant les essais que j'ai entrepris sur quelques échantillons de lin mis par vous à ma disposition, à l'effet de déter-- miner, s'il était possible, le chiffre de reprise applicable à ce textile dans les circonstances ordinaires. Des expé- riences du même genre ayant déjà été faites par les habiles Directeurs des Conditions de Roubaix et d'Amiens, j'ai cru devoir essayer de donner aux miennes un caractère un peu différent et, pour éclairer mieux votre opinion, d'étudier à un point de vue général.

» Ainsi que j'ai eu l'avantage de vous en informer, au lieu de déterminer le poids primitif des échantillons de lin, puis leur poids après dessiccation absolue, mon programme consistait à peser ces échantillons après les avoir étendus un temps suffisant dans différents locaux présentant des conditions d'humidité et de température variables. On devait obtenir de cette façon une série de poids correspondant aux diverses phases de l'expé- rience.

» Après cela seulement on devait déterminer le poids absolu des échantillons et en déduire la proportion d'eau pour chaque cas particulier. Ce moyen permettait de suivre les variations que peut subir un même échan- tillon selon les circonstances atmosphériques, et de se prononcer, en connaissance de cause, pour l'adoption de tel chiffre de reprise de préférence à tel autre.

» Les échantillons sur lesquels j'ai opéré sont au nombre de neuf. Bien que j'en eusse davantage à ma disposition, j'ai cru devoir me borner à ces seuls types, les autres étant d'un poids trop faible pour offrir des garanties de précision suffisantes lors de l'expérience.

» Ces neuf échantillons ont été étalés, bien ouverts et côte-à-côte, successivement dans six locaux différents où ils ont séjourné chaque fois 48 heures. On avait suspendu dans le voisinage des échantillons deux hygromètres, l'un à cadran, l'autre vertical (hygromètre a cheveu de Saussûre.) La température était indiquée par un bon thermomètre gradué sur tige.

» Dans la partie gauche du tableau qui accompagne ma lettre se trouvent inscrits les noms des locaux et ce qu'on pourrait appeler leurs conditions atmosphériques. A droite, sur les lignes en regard figurent les poids reconnus à chaque échantillon et à côté la proportion d'eau pour cent et la reprise correspondante. Chaque phase de l'expérience se trouve ainsi résumée sur une ligne horizontale.

» Vous remarquerez aisément qu'il existe pour les échantillons des variations de poids assez considérables; et que les écarts dans la proportion d'eau s'élèvent entre les termes extrêmes jusqu'à près de 4 p. 0/0. Il serait donc téméraire de chercher à établir le chiffre de reprise du lin sur l'essai d'un simple échantillon et sans connaître les conditions dans lesquelles il s'est trouvé placé.

» Le tableau montre que le lin de Pernau a un pouvoir hygrométrique inférieur à celui du lin de Riga, que ce dernier est à son tour inférieur à celui du lin de Picardie. Les étoupes russes et les émouchures picardes sont elles-mêmes plus hygrométriques que les échantillons précédents. Quant aux fils de lin jaune et d'étoupe, ils se rapprochent sensiblement des premiers types. Enfin, le fil de jute est de tous les échantillons le plus hygrométrique et celui qui a subi les plus grandes variations.

» Après avoir déterminé le poids des échantillons desséchés à l'absolu, on les a étendus de nouveau dans le cabinet du Directeur et deux jours après on les a repesés. Les résultats inscrits dans la partie additionnelle du tableau prouvent que ces échantillons étaient loin d'avoir repris la proportion d'eau normale et il est à supposer qu'ils ne pourraient plus la reprendre, par suite des modifications qu'a dû exercer la chaleur de l'étuve sur les propriétés hygrométriques des matières albumineuses et gommo-résineuses qui font corps avec la fibre du lin; commencer la série des expériences que j'ai indiquées en prenant ce poids absolu des échantillons aurait donc été une grande erreur.

» Il ressort aussi de l'observation précédente que des lins bien dépouillés de leurs impuretés, c'est-à-dire lessivés et blanchis, ne présenteraient plus les mêmes propriétés et auraient un chiffre de reprise différent. »

Enfin à la suite des expériences mentionnées ci-dessus, M. Renouard, en sa qualité de rapporteur, tira la conclusion ci-après :

« Il nous reste, pour notre part, à tirer une conclusion de toutes les expériences dont nous avons rendu compte, et qui ont eu pour objet le conditionnement des lins.

»D'une part, de l'ensemble des expériences d'Amiens, qui sont les plus anciennes (1), il résulte que l'on pourrait, sans inconvénient, d'après MM. Roger et Bénard, considérer la moyenne des pertes à l'absolu ainsi qu'il suit :

12 1/2 %   sur les fils de jute et phormium,
12 —   — de chanvre,
11 1/2 —   — d'étoupe,
10 —   — de lin écru,
9 —   — crêmés et blanchis,
10 — sur les lins teillés,
11 —   — chanvres teillés.

» Mais comme les reprises au conditionnement se calculent d'ordinaire sur le poids restant après la perte à l'absolu, il faudrait, pour compenser cette différence, fixer les reprises de la manière suivante :

13 1/2 %   sur les fils de jute et phormium,
13 —   — de chanvre,
12 1/2 —   — d'étoupe,
11 —   — de lin écru,

---

(1) En 1863, la Condition publique de Roubaix a fait plusieurs expériences sur ce textile à la demande de négociants d'Amiens.

10 1/2 °/₀   sur les fils crêmés et blanchis,
11   —   sur les lins teillés,
12   —   sur les chanvres teillés.

» D'autre part, des expériences faites à Roubaix par M. Musin, nous pouvons tirer comme moyenne des reprises les chiffres suivants, en faisant observer qu'ils ont été déterminés sur des échantillons qui ne pouvaient alors se trouver dans les mêmes conditions, et qui avaient été soumis à des variations hygrométriques très-diverses :

14 25 °/₀   sur les fils de jute,
11 59 —   —   d'étoupe au sec,
11 50 —   —   au mouillé,
12 69 —   —   de lin au sec,
11 45 —   —   de lin au mouillé,
10 33 —   —   crêmés et blanchis,
12 20 —   —   lins rouis à l'eau,
12 77 —   —   —   sur terre,
13 00 —   —   étoupes rouies à l'eau.
14 14 —   —   —   sur terre.

» Enfin, les chiffres de reprises ont été fixés comme suit sur les échantillons mis à l'essai par M. Persoz.

Lin de Pernau. . . . . 11 33 °/₀
— Riga . . . . 11 59 —
— Picardie . . . . . . 12 57 —
Etoupes russes. . . . . . . 12 94 —
Emouchures picardes. . . . , 13 57 —
Fil jaune   n° 22. . . . . . . 11 41 —
—   n° 25. . . . . . , 11 88 —
Fil d'étoupe n° 25. . . . . . 12 09 —
Fil de jute. . . . . 13 59 —

» Des données fournies par ces expériences, nous pouvons tirer comme conclusion :

» 1° Que les fils de jute et de phormium, vu leur grosseur relative et la surcharge que l'on est obligé de leur donner en filature, peuvent être regardés comme très-hygrométriques, et que le chiffre de reprise le plus approximatif, déterminé à majorité entre les trois bureaux de conditionnement, peut-être fixé à 13 3/4 p. 0/0.

Amiens,	. . . .	13 1/2 %
Paris	. . . .	13 59 »
Roubaix	. . . . . ,	14 25 »

» 2° Que la reprise moyenne des lins en général peut être fixée entre 11 1/2 et 12 1/2 p. 0/0, le chiffre le plus bas se rapprochant aux lins rouis à l'eau, et le plus haut aux lins rouis sur terre qui sont les plus hygrométriques. Le bureau d'Amiens fixe 11 0/0 pour tous les lins teillés qu'il a examinés, mais ce chiffre est le résultat d'une moyenne entre plusieurs sortes, et a été déterminé sans que l'on ait tenu compte de l'influence que le mode de préparation pouvait exercer sur la filasse ; on peut voir cependant, d'après les tableaux de MM. Roger et Bénard, que la quantité d'eau pour cent contenue dans les lins d'Ailly et du Vimeux est plus forte que celle des lins d'Arkangel et de Pernau. Ceci s'explique par la quantité de chevenotte et surtout de matières gommeuses qui restent attachées aux fibres des lins rouis sur terre, et ressort d'ailleurs des chiffres suivants :

Roubaix.	— Lin Picard	. , . .	12 33
—	Lin blanc Pernau	. .	11 77
Paris.	— Lin Picard	. , . .	12 57
—	Lin Riga.	. . . .	11 59

» 3° Que les étoupes, vu l'enchevêtrement des fibres qui les constituent, et, par suite, la surface plus grande qu'ils présentent à l'action capillaire, sont plus hygrométriques que le long brin; et qu'entre ces étoupes celles qui proviennent de lins rouis au pré contiennent plus d'eau pour °/₀ que celles que l'on retire de lins rouis à l'eau. Ce chiffre n'a pas été déterminé par Amiens, mais d'après nos expériences de Roubaix et de Paris, il peut-être considéré comme étant de 13 3/4 °/₀ pour les premiers et de 13 °/₀ pour les secondes :

Etoupes rouies à l'eau: moyenne	Roubaix. .	13 °/₀
—	Paris. . .	12 94
Etoupes rouies sur terre: moyenne	Roubaix. .	14 14
—	Paris. . .	13 57

» 4° Que pour les fils de lin proprement dits la reprise de 11 °/₀ fixée par Amiens, et déterminée sur un échantillon unique, ne saurait être rigoureusement admise, car il y a à distinguer ici les fils secs des fils mouillés. D'après nos expériences le chiffre des premiers peut être fixé à 12 1/2 °/₀ et celui des seconds à 11 1/2 °/₀ :

Roubaix. —	Fil sec	n° 20.	12 69
—	Fil mouillé	n° 50.	11 36
Paris. —	Fil mouillé jaune	n° 22.	11 41
—	—	n° 25.	11 88

» Ceci ressort d'ailleurs de ce fait que les fils mouillés, agglutinés entre eux par la gomme qui les relie sont moins sujets à être pénétrés par l'humidité que les fils secs qui ne présentent en somme que la matière brute réduite en fil par l'effet de l'étirage et de la torsion.

5° Que les fils d'étoupe, pour la raison que nous

avons donnée plus haut, sont à peu près dans les mêmes conditions d'hygrométrie que les matières dont ils sont extraits, c'est-à-dire, que leur chiffre de reprise est plus élevé que pour le long brin. Ce chiffre de reprise peut être fixé comme il l'a été à Amiens, à 12 1/2, d'une manière générale, bien qu'il y ait une légère différence entre le fil sec et le fil mouillé; les données que nous avons obtenues à cet égard sont fort variables.

»6° Que le chiffre de reprise des fils crêmés et blanchis, c'est-à-dire des fils débarrassés de la plupart de leurs impuretés, peut être considéré comme de 10 0/0 — les expériences faites à ce sujet s'accordant assez bien ensemble.

» 7° Pour les chanvres et les fils de chanvre sur lesquels nous n'avons pas expérimenté, nous nous en tiendrons aux chiffres donnés par le bureau d'Amiens, à savoir : 12 0/0 pour les premiers et 13 0/0 pour les seconds. Les deux causes principales qui, dans ce cas, influent le plus sur l'élévation des chiffres de reprise, sont ici la grosseur relative des filaments proprement dits et la quantité de matière gommeuse dont ils sont généralement chargés.»

Pourquoi accorder plus d'humidité au fil de chanvre qu'au chanvre qui a servi à le produire? Il semble cependant résulter d'un tableau dressé par l'illustre M. Chevreul, reproduit dans cet exposé, qu'en général, plus la matière textile s'épure dans ses différentes transformations, moins elle conserve d'humidité.

Ne serait-il pas plus rationnel de rechercher aussi bien pour le chanvre que pour le fil de chanvre, la valeur réelle du textile, au moins en tant que poids, considéré à l'état de pureté? Car, encore une fois, il ne faut pas oublier qu'il s'agit d'une question d'équité et de moralisation.

On ne saurait trop féliciter M. Renouard de la manière distinguée et intelligente dont il a conduit son étude : Il a cherché par tous les moyens, les éclaircissements propres à élucider la question; il a certainement mis en lumière plusieurs points importants. Il a aussi parfaitement fait ressortir les irrégularités de la manutention d'un atelier à un autre et les moyens qui sont encore employés de nos jours pour donner au textile manufacturé ce que l'on appelle la main.

D'après cette étude, il est évident que des erreurs considérables peuvent se glisser au détriment de la vérité que l'on cherche à établir sur des bases moins équivoques.

En présence de ces révélations, on devait s'attendre à une conclusion favorable au conditionnement de ce textile. Il n'en a pas été ainsi et s'exagérant les difficultés de détail largement compensées par les avantages réels, il déclare que « *le conditionnement du lin serait difficilement applicable et peu pratique,..... parce qu'il serait une source d'entraves et d'ennuis perpétuels comme pour le conditionnement du coton*» . . . .

Cette conclusion est regrettable à notre avis. La question est digne d'un nouvel examen et tout fait espérer qu'il aura lieu. (1).

---

(1) Voir l'intelligent article publié par le Moniteur des fils et tissus, du 15 juin 1870, sur le conditionnement et ses applications, notamment à la perception des droits sur les filés de provenance étrangère, par M. Edouard Simon, ingénieur, directeur de filature, Commissaire spécial aux industries textiles lors de l'enquête économique, membre du Comité permanent du Congrès international pour le numérotage uniforme des filés.

Ainsi qu'on l'a vu par cet exposé, le kilogramme de matière textile par suite des irrégularités dans la surcharge d'hydratation et de corps étrangers ou des usages différents de chaque centre, ne pèse pas loyalement un kilogramme partout.

Pour justifier la nécessité d'une règlementation uniforme dans les procédés de conditionnement et dans les taux de reprise, qu'on veuille bien prendre en considération que les transactions commerciales et industrielles ont une importance considérale par les ramifications qu'elles ont sur tous les points du globe, car nous ne sommes plus au temps ou le commerce et l'industrie ne s'étendaient pas au delà d'une certaine limite. Aujourd'hui les pays les plus éloignés échangent entre eux leurs produits. On comprend donc les difficultés pratiques qui résultent d'usages différents et la nécessité de faire une lòi d'application universelle pour les textiles.

Cependant par règlementation on ne doit pas entendre le retour aux jurandes en faveur d'une classe privilégiée, au détriment de l'autre: — Non, il s'agit d'une loi générale qui ne touche aucunement à la liberté pour tous de vendre ou d'achcter. — S'il en était autrement nous ferions un pas rétrograde en revenant à des mesures que la civilisation a condamnées.

Demander la règlementation d'un point d'équité qui intéresse aussi bien le producteur, que le fabricant et le consommateur, n'est-ce pas demander une chose utile, indispensable au point de vue de la loyauté?

En dehors des questions qui touchent à l'établissement du poids loyal des matières textiles, les commerçants et les industriels n'auront-ils pas encore un champ assez vaste pour mettre à profit leurs connaissances si variées, afin d'apprécier la nature, la qualité, le rendement en produits manufacturés, le travail et l'usage auxquels elles sont propres et le prix quelles valent?

Que l'agriculteur et le producteur cherchent à produire beaucoup et avantageusement;

Que l'industriel invente des machines et des procédés ingénieux pour faire mieux et tirer le meilleur parti des matières brutes, rien de mieux et personne n'y trouvera à redire. La concurrence s'établira naturellement sur des bases honnêtes et loyales.

Est-il nécessaire d'ajouter que « *par un effet analogue à celui qu'ont produit l'unité de la monnaie et celle des poids et mesures, l'unité des usages commerciaux accroîtra la sécurité des transactions commerciales à l'intérieur et à l'étranger, et, à cet égard la loi française du 13-20 juin 1866. constitue un progrès pratique et réel, que l'expérience invitera à élargir*.(1)

JURISPRUDENCE

En France, le décret du 23 germinal an XIII qui a institué la Condition Publique de Lyon, est encore la seule loi qui régisse les établissements semblables fondés depuis cette époque dans tous les cas qui n'ont pas été prévus par leurs statuts.

---

(1) Rapport au Conseil d'Etat sur le projet de la loi 1866 sur les usages commerciaux.

D'après les termes de ce décret, *lorsqu'un marché a été conclu sans stipulation exclusive du conditionnement*, IL EST DE DROIT MORAL DÈS QU'UNE DES DEUX PARTIES CONTRACTANTES LE RÉCLAME *et sans que l'autre puisse s'y opposer.*

Quant à la clause insérée dans les décrets qui ont institué les nouvelles Conditions Publiques, à savoir que les opérations du conditionnement sont facultatives pour le Commerce, elle n'est pas nouvelle puisqu'on la trouve reproduite dans le même sens à l'article 16 du décret du 23 germinal sus-rappelé.

L'interprétation du décret est celle-ci :

Lorsque le vendeur et l'acheteur sont d'accord pour ne pas soumettre leurs marchandises au contrôle, ils n'y sont pas obligés.

Telle est du moins la jurisprudence adoptée à Paris et à Lyon et qui a été consacrée par les Tribunaux de Lille, d'Amiens et par les Cours d'appel de Douai et d'Amiens.

Il ne peut d'ailleurs en être autrement, car si le commerce et l'industrie des villes ci-dessus désignées sont soumis au contrôle de la Condition Publique dans certains cas, on ne comprendrait pas qu'il n'en fut pas également de même à Roubaix et partout, puisque le principe repose sur la même base, c'est-à-dire l'absolu; qu'il a le même caractère d'utilité et qu'il est fait à l'aide d'appareils imposés par les décrets d'institution.

CONCLUSION.

Ce qui a le plus manqué à la France, depuis un quart de siècle, c'est l'esprit de contrôle.

En politique, en économie, dans la vie publique et nous ajouterons même dans la vie privée, nous avons glissé sur la pente fatale de l'empirisme. Aussi, il faut bien le dire, les abus comme les mauvaises herbes repoussent à mesure qu'on les arrache parce que les racines subsistent encore. Il faudrait prendre des mesures prudentes, mais énergiques pour les détruire à tout jamais.

Ceux qui observent savent bien qu'on éprouve une espèce de répulsion pour le contrôle, et que c'est un fantôme qui effraie.

Par exemple, dans le commerce, la vérification des poids et mesures n'est acceptée que parce que les modestes fonctionnaires chargés de l'exercer sont armés de lois et cependant examiné sérieusement, sans prévention, au point de vue de l'intérêt général, c'est un contrôle utile et indispensable. Non-seulement le détenteur est tenu de fournir des marchandises réputées marchandes; mais il doit encore livrer la quantité exacte portée dans sa facture.

Or, vendre la laine, la soie, le coton et le lin plus surchargés d'humidité qu'ils ne doivent l'être, dans un état moyen, *c'est vendre à faux poids* (ainsi jugé par arrêt de la Cour d'appel d'Amiens le 15 mai 1861, et par la Cour d'appel de Douai le 31 juillet suivant).

Donc, en principe le Législateur veut empêcher la fraude et il ne fait pas de distinction entre les bijoutiers et les confiseurs qui vendent des objets de luxe et de friandises, et les boulangers et les bouchers qui ne livrent que des objets de première nécessité: — Tous ceux qui possèdent des balances, des mesures qui doivent servir pour des opérations commerciales ou industrielles, sont soumis impérieusement au contrôle.

De plus, les bijoutiers ne peuvent exposer en vente un bijou sans l'avoir préalablement fait poinçonner.

On voudra bien remarquer qu'il y a une certaine analogie entre le poinçonnage des matières d'or et d'argent et le conditionnement qui a pour but de régler le poids réel à payer.

On peut se demander enfin où serait le mal de règlementer aussi l'importante branche des textiles chez les nations industrielles et d'ériger le contrôle du conditionnement en administration spéciale?

A cet effet, des inspections régionales ne pourraient-elles être créées ainsi que cela a déjà lieu en France pour la vérification des poids et mesures?

Les bureaux de conditionnement sont aux matières textiles, ce que sont les bureaux de garantie en matières d'or et d'argent.

L'institution du conditionnement ayant une tendance à prendre une extension importante, il y a lieu en quelque sorte de la codifier en la ramenant à un texte précis. Ainsi que nous l'avons déjà dit, au début de ce mémoire deux points principaux méritent de fixer l'attention des hommes éclairés de la science et de la pratique et des gouvernements, c'est:

1° L'utilité d'unifier la **manière** de procéder dans les différentes Conditions publiques ;

2ᵉ De fixer des taux de reprise d'humidité $0/0$ à tolérer pour ramener chaque textile à une composition hygrométrique de vente loyale et marchande qui concilie aussi bien l'intérêt du producteur que celui du négociant, du fabricant et du consommateur.

Pour arriver à cette règlementation si désirable à tous les points de vue, il faudrait confier à des hommes compétents, éclairés, minutieux et intègres le soin d'étudier à fond ces questions dans tous les centres producteurs, ou consommateurs. Il faudrait entendre et noter exactement toutes les objections qui pourraient se produire même sur les phénomènes locaux et convoquer un Congrès internationnal pour discuter cette espèce d'enquête, afin d'en tirer des conséquences pratiques et équitables.

Il est certain que dans les expérimentations à faire pour fixer les taux de reprise d'humidité, il faudrait constater sérieusement *pendant plusieurs années,* dans les différentes parties du monde, la température moyenne de l'année qui diffère suivant la latitude, le relief des terres, l'éloignement des mers et la direction des vents.

En France, par exemple, la température moyenne au Nord est de 10 à 12° centigrades, selon les localités ; au sud, elle augmente graduellement de 13 à 15° ; mais la différence de chaleur annuelle est-elle le seul élément important du contraste des zônes et n'est-il pas sage de tenir compte surtout de l'état hygrométrique de l'air ?

Les résolutions des Congrès internationaux de Vienne et de Bruxelles sur l'unification du titrage des fils semblent devoir aboutir.

Partout on se préoccupe de cette question toute moralisatrice et on est d'accord sur les bons effets qui en résulteront.

Déjà même les Chambres de Commerce d'Allemagne se sont réunies en comité et ont adopté un projet de loi qui doit être soumis au ministère de ce pays, avec prière de le présenter aux Chambre, avec un avis favorable.

A notre avis peut-être s'est-on un peu trop hâté en Allemagne et aurait-on mieux fait d'attendre le résultat de la discussion sur la question du conditionnement hygrométrique qui doit s'ouvrir dans le prochain Congrès, et d'élaborer seulement après, une loi bien ordonnée et commune au conditionnement et au titrage des fils qui ont une grande connexité entre eux. Que le Gouvernement français veuille *bien y penser*.

Il y a peu d'années, l'Europe a donné à la France un témoignage de déférence et de sympathie qui mérite d'être rappelé, parce que noblesse oblige :

Les feuilles publiques ont publié que « *Les savants les plus illustres des principaux États, après s'être rendus à Paris pour les études relatives au mètre international, ont attesté que notre pays n'a pas cessé de poursuire sa mission essentiellement civilisatrice.*

« *La première, elle a su trouver à la fois assez de science, assez d'énergie, assez d'opiniâtreté dans la recherche du progrès, pour se débarrasser des vieux systèmes qui paralysaient l'essor de son commerce et créaient, au cœur du pays, des bornes artificielles entre les corps de métiers comme entre les provinces...*

« *Aujourd'hui, on a fini par comprendre que devant les relations établies partout, de peuple à peuple, la création d'un prototype unique pour les mesures est devenue une nécessité absolue* » et il a été adopté.

Que l'on me permette de faire remarquer que le conditionnement normal des textiles et le titrage légal des fils ont aussi une grande importance pour le commerce et pour l'industrie (1) : c'est une question d'ordre et d'équité commerciale.

Le moment paraît opportun pour la traiter en remaniant, complétant et perfectionnant le règlement général du conditionnement hygrométrique basé sur la dessiccation absolue si admirable dans sa simplicité, de

---

(1) Ces vues sont partagées par beaucoup d'hommes compétents parmi lesquels on peut citer : M. Pacher Von Theinburg, Président du Congrès international de Bruxelles. filateur de coton à Vienne (Autriche),— M. Michel Alcan, membre du Comité consultatif des arts et manufactures de Paris, vice-président du Congrès international de Bruxelles — M. Legentil, ancien manufacturier et membre du Comité consultatif des arts et manufactures de Paris. — M. le Baron Cantoni de Milan consul général austrohongrois, vice-président du Congrès international de Bruxelles. — M. le docteur Grothe, ingénieur de Berlin, secrétaire du Congrès international de Bruxelles. — M. Edouard Simon, ingénieur de Paris, membre du Comité permanent du Congrès international. — M. Roger d'Amiens, membre de la chambre de commerce et membre du Comité permanent du Congrès international.—M. Frédéric Vercellone, chef d'une des plus importantes maisons de fabrication de Biellais (Italie) etc. etc.

même que déjà la question du titrage universel des fils
est en sérieuse étude, grâce aux concours des Congrès
de Vienne et de Bruxelles.

Avant de terminer je crois devoir rappeler l'interprétation d'un éminent Ministre français (1) récemment
décédé à la mémoire duquel tout le monde rend
hommage :

« *L'alliance de l'industrie et de la science est une
des vérités qui s'imposent de nos jours à tous ceux qui
ont étudié les faits contemporains.*

« *L'industrie sans la science, c'est la routine, c'est
l'immobilité, bientôt c'est la décadence et la ruine.
La science sans relations avec l'industrie, c'est souvent l'utopie, le travail purement spéculatif.*

« *L'union de l'esprit scientifique et de l'esprit pratique est la source des grands progrès modernes, des
grandes inventions qui ont transformé le monde,
c'est aussi la force des grandes usines chargées de les
appliquer et de les répandre.*

« *Je sais bien qu'on n'a pas toujours pensé ainsi et
qu'il y a 25 ans on entendait dire « gardez-vous des
innovations et des innovateurs. Que vous faut-il un
tour de main, une habileté traditionnelle, l'expérience du métier. Le reste n'est que danger.*

« *Ceux qui ont pensé ainsi, et qui ont pratiqué
l'industrie sans tenir compte des progrès de la science
contemporaine, ont été bientôt dépassés par leurs
concurrents. En peu d'années, ils se sont trouvés
complètement arriérés, et ont disparu du monde*

---

(1) M. Deseilligny.

industriel qui avait marché plus vite qu'eux en accomplissant les transformations modernes. »

Je prends la confiance d'appeler sur ces considérations pleines d'intelligence et d'intérêt, l'attention de tous les hommes compétents, celle du Congrès international pour le numérotage uniforme des filés et tout particulièrement celle du Gouvernement Français qui a à sa disposition le Comité Consultatif des Arts et Manufactures, composé de ce que la science a de plus illustre, l'administration supérieure de plus savant et la pratique commerciale et industrielle de plus distingué.

Il est presque superflu d'ajouter qu'au de point vue général, il est désirable que tous les gouvernements entrent en relations et s'entendent pour adopter des dispositions législatives communes *universellement* applicables aussi bien au conditionnement pour la fixation du poids loyal des textiles, qu'au titrage des fils pour la détermination de la finesse du fil dans tous les pays, afin que les producteurs et les consommateurs, qu'ils appartiennent au Nord ou au Sud, à l'Est ou à l'Ouest de l'Europe, puissent traiter leurs affaires équitablement et sans crainte, sans surprise, et de manière que un kilog. de textile soit partout un kilog. marchand et loyal.

Comme il serait beau, honorable et j'allais dire glorieux de voir inscrire sincèrement en tête de toutes les factures : Probitate et industria!!!

J'ai voulu condescendre au désir exprimé par *Monsieur le Président* du Congrès international en cherchant à faire ressortir, bien imparfaitement, mais avec conviction, les avantages réels qui résulteraient de l'adoption d'une base unique bien définie pour le conditionnement hygrométrique dans tous les pays, afin de déterminer non-seulement le poids loyal des textiles, mais encore le numéro du fil. — J'y ai joint quelques controverses que l'on appréciera suivant leur valeur.

Rechercher dans la pratique la vérité qui a disparu submergée sous le flot des principes faux, au milieu des contradictions de toutes sortes et des critiques plus ou moins judicieuses que soulèvent l'esprit routinier et l'intérêt personnel, ce n'est pas chose facile. Aussi n'ai-je pas la prétention d'avoir atteint ce but. — Mais il faut espérer que la science et la pratique ne seront pas sourdes à l'appel qui leur sera fait par le Congrès International et par les Gouvernements; qu'elles s'uniront et que leur union concourra à élucider ces questions si importantes au point de vue de l'ordre commercial.

Toutefois, en ce qui me concerne, comme dans une étude aussi ardue, il est difficile de ne pas froisser involontairement les parties intéressées, j'éprouve le besoin de déclarer formellement que je n'ai voulu blesser personne : mon unique but est de rendre hommage à la vérité, de quelque côté et sous n'importe quelle forme elle se présente.

Enfin, quel que soit le jugement que l'on portera sur mes modestes observations, je prie les personnes qui voudront bien les parcourir, de me tenir compte de la bonne foi qui me les a dictées.

A. MUSIN.

Roubaix, le   Juillet 1875.

TABLE DES MATIÈRES.